Ⓢ新潮新書

スージー鈴木
SUZIE Suzuki

サザンオールスターズ 1978-1985

724

新潮社

この本は、１９７８年から１９８５年＝初期のサザンオールスターズの巨大な功績を、正確に描き出そうという狙いで書いたものです。

——という、たったこれだけのご挨拶で、いきなり本編に入ります。余計なイントロは不要です。初期サザン快進撃の号砲にして、日本ロック史上最大の革命を起こした、あの曲のように——。

サザンオールスターズ　1978-1985――目次

第1章　1978年——サザンオールスターズ、世に出る。

《勝手にシンドバッド》革命

1978年6月25日、日曜日。神奈川県の天気は、曇りのち雨——。

この、どこにでもあるような休日こそが、日本ロックの革命記念日だったという話をしたい。それが、本書執筆の最大の動機である。

シングル《勝手にシンドバッド》の発売日。

日本のポップス、のちに「Jポップ」と呼ばれるカテゴリーにおいて、キーパーソンを3人選べと言われれば、松任谷由実[*1]、山下達郎[*2]、そして桑田佳祐であると、確信を持って答える。そして、この3人は、デビューアルバムの、それもA面1曲目から、そのありあまる才能を、惜しげもなく披露している。

荒井（松任谷）由実：《ひこうき雲》（アルバム『ひこうき雲』）
山下達郎（シュガー・ベイブ）[*3]：《SHOW》（『SONGS』）
桑田佳祐（サザンオールスターズ）：《勝手にシンドバッド》（『熱い胸さわぎ』）

この3曲について、商業的には桑田の圧勝である。オリコンで最高位3位、50万枚を売り切った《勝手にシンドバッド》に対して、《ひこうき雲》や《SHOW》は、シングルカットすらされていない。

しかし、その反動として、《ひこうき雲》や荒井由実、《SHOW》やシュガー・ベイブの方が、往々にして、伝説性を持って語られ、かたや《勝手にシンドバッド》は、あのころの大衆全員が体験した「現実」として、淡々と語られることになる。

《ひこうき雲》については、死に直面した少女のことを表現した文学的な歌詞世界と、教会音楽に根ざした高度な音楽性を持った、天才少女の登場。

《SHOW》については、完成された伸びやかな歌声と、抜群の音楽知識によって、日本に垢抜《あかぬ》けたポップスを確立する天才シンガーの登場。

などと、一般にそう語られがちで、それは間違ってはいないのだけれど、デビュー当時の荒井由実と山下達郎が、さほど売れなかったからこそ、2人が商業的成功を得たのちに、いわゆる「後付け」で、そういう文脈に「盛られた」のではないかと疑うのだ。

逆に言えば、デビュー時から売れたからと言って、桑田／サザンの存在が、低く、小さく見積もられるのだとしたら、こんなに貧乏くさい話はない。なぜならば、ポップスとは、売ることを最終目的とした音楽ジャンルなのだから。

では、《勝手にシンドバッド》の何が凄かったのか。何が革命だったのか。

ひと言でいえば、「日本語のロック」を確立させたことに尽きる。

今となっては信じられないが、70年代の半ばまで、「日本語はロックに乗らない」と、真面目に考えられていたのである。そんなつまらない固定観念が、《勝手にシンドバッド》1曲によって、ほぼ完全に抹殺された。「日本人が日本語でロックを歌う」という、今となっては至極当たり前な文化を、私たちは享受できるようになった。

例えば、「早口ボーカル」「巻き舌ボーカル」と言われるほど、日本語を、口腔内を自在に操って発声することが普通になったこと。

例えば、「胸さわぎの腰つき」という、おそらくは英語に訳せないであろう、意味から自由な新しい日本語＝「桑田語」が受け入れられるようになったこと。

例えば、それまで、日本のお茶の間に、決して響いたことのない16ビートや不思議なコード進行が、ブラウン管から流れ出したこと。

これらすべてが、桑田佳祐率いるサザンによる「革命」の結果なのである。

次項より、《勝手にシンドバッド》の凄みを、より具体的に見ていくこととする。

桑田ボーカルの源流

あの《勝手にシンドバッド》の衝撃を多面的に分解すれば、その最も大きな要素は、桑田佳祐の、あのボーカルスタイルではなかったか。

ここでは、その源流を探る。ただし、桑田という人は、音楽的知識・経験が非常に深い人で、ボーカルスタイルの源流も多岐にわたってしまい、やや複雑な話になることを、ご了解いただきたい。

ボーカルスタイルを「発声」（声の出し方）と「発音」（舌の使い方）に区分する。

桑田の「発声」。こちらは当時「しゃがれ声」「ダミ声」などと形容された。一般的には、リトル・フィートというアメリカのバンドのボーカル＝ローウェル・ジョージや、エリック・クラプトンの影響が指摘されるのだが、幅広い音楽を聴いてきた桑田のこと、洋楽だけでなく、日本人からの影響も大きかったと思われる。

はっぴいえんど[*4]の大滝詠一[*5]。デビューアルバム『熱い胸さわぎ』に収録された《いとしのフィート》は、はっぴいえんど《春よ来い》へのオマージュだろう。ということは、《春よ来い》の、大滝のダミ声をしっかりと聴いていたはずだ。

ダウン・タウン・ブギウギ・バンド[*6]の宇崎竜童。桑田は、デビューが決まった後に、宇崎を訪問し、事務所に入れてくれとお願いしたことがあるという。サザンのアルバム『タイニイ・バブルス』収録《Hey! Ryudo!（ヘイ！リュードー！）》は、宇崎のことを歌ったもの。ボーカリスト、ひいては人間として、リスペクトしていたと思しい。

そして柳ジョージ[*7]。桑田よりもしゃがれたあの声。これは、ゴダイゴ[*8]のミッキー吉野氏から私が直接聞いた話。当時ある歌番組で、ゴダイゴの楽屋を訪ねた桑田から、「柳ジョージさんを紹介してほしい」とお願いされたという（吉野と柳は、伝説のバンド＝ザ・ゴールデン・カップス[*9]の出身）。

更には、のちに《吉田拓郎の唄》（アルバム『KAMAKURA』収録）を捧げることになる吉田拓郎[10]の影響もありそうだ。

次に「発音」。こちらも注意深く「子音」と「母音」に区分すると、まず「子音」は、英語的に破擦音（カ行やタ行）を強調（クァ、ツァ）すること。「母音」では、ア・イ・ウ・エ・オの5音に留まらず、こちらも英語的に、たとえばアとエの間の音などで歌うこと。これらの新しい「発音」を、日本語ボーカルに取り入れたことが、桑田の大きな功績となる。

その源流としては、まずザ・テンプターズ[11]の萩原健一（ショーケン）。桑田へのインタビュー本『ロックの子』（講談社）では、子供のころに萩原の歌を研究していたとの発言があり、そこに添えられた、ザ・テンプターズ《エメラルドの伝説》の、桑田本人による物まね発音の表記が、実に示唆的である――「♪むィいずうみぬィ～きみはむィをぬァげッつあ～」（＝湖に君は身を投げた）。

また「発音」面でも、大滝詠一[12]の影響はあるかもしれない。しかし、それよりも何よりも、最大の存在がいるだろう。キャロル時代の矢沢永吉である。

その『ロックの子』で桑田は、キャロルの歌を「鼻についちゃったんだよね」とあからさまに否定しているが、否定しているということは意識していたということだ。そして桑田は何と、アマチュア時代にキャロルのコピーを披露している（75年7月「第2回湘南ロックンロールセンターコンサート」）。また、《勝手にシンドバッド》では、ラ行で舌を巻いているのだが（例えば「♪それにしても涙が止ま《ら》ないどうしよう」の「ら」）、このあたり、ひどく「矢沢的」である。

というように、突然変異的に見えながら、実はここに挙げたような、古今東西の様々なボーカルスタイルをガラガラポンした結果として生まれた、あの声、あの歌い方。それこそが、「革命」を推進するエンジンだったのだ。

「桑田語」

《勝手にシンドバッド》の衝撃を構成する、もう1つの大きな要素は歌詞である。「桑田語」とでも言うべき、とても独創的で斬新な感覚の言葉に溢れている。

今改めて《勝手にシンドバッド》の歌詞を見ると、その後のサザンの歌詞とは異なり、英語のフレーズがまったく入っていないことに驚く。

デビューアルバム『熱い胸さわぎ』に収録された《勝手にシンドバッド》以外の曲では、英語フレーズがいくつか使われている。代表的なものは、《別れ話は最後に》の歌い出し＝「♪Listen to the melody　寝てもさめてもMemory」。この日本語と英語をチャンポンする方法論の先達もまた、キャロルである。桑田に対する、いや日本ロック史に対するキャロルの影響の大きさを、冷静に捉えなければならない。キャロルが低く見積もられるのは、音楽ジャーナリズムにおける「はっぴいえんど中心史観」（後述）の悪影響である。

《勝手にシンドバッド》の歌詞に話を戻せば、重要なフレーズは3つある。

1つは何といっても「♪胸さわぎの腰つき」。この曲の中で、最も重要なフレーズ。よく考えてほしい。「胸さわぎの腰つき」の具体的意味は何か、と。歌詞の文脈を追えば、その「腰つき」をしているのは「あんた」だから、女性だ。女性自身が「胸さわぎ」をしながらの「腰つき」なのか、もしくは「俺」に「胸さわぎ」を与えるような「腰つき」なのか。そもそも「腰つき」って何だ？　腰のかたち？　腰の動き？

つまりは、意味の連想は人によってバラバラなのである。しかし、文字列としての「胸さわぎの腰つき」が与えるイメージ連想としての、切迫感や焦燥感、卑猥さ……などは、人によっても、かなり均一だと思う。「意味が通じないから」ということで、このフレーズを、スタッフが「胸さわぎのアカツキ」や「胸さわぎのムラサキ」（！）に変えようとしたという話がある。変えてくれなくて本当に良かった。

2つ目は「♪江の島が見えてきた　俺の家も近い」。

1番とはわざわざメロディを変えて強調されるこのフレーズ。曲の中では、先に述べたように、前衛的で意味不明な歌詞世界の中で、唯一、具体的な情景が広がる場面である。このフレーズの有無で、この曲の大衆性はかなり違ってくると思う。つまり、このフレーズがあったからこそ、最高位3位、売上枚数50万枚が実現したのだと、大げさではなく、そう思う。

そして3つ目は、これは歌詞カードには載っていないのだが、間奏前に桑田が叫ぶ英語フレーズである。私の聴き取りでは「Music Come On Back To Me, Yeah !」。

また矢沢永吉の話で恐縮だが（それくらい、桑田と矢沢は密接な関係にある）、当時の矢沢も、このような謎な英語のシャウトをよくしていた。ただし、桑田と矢沢で違いがあって、桑田の方が、何というか、英語シャウトが「板に付いている」感じがするのだ。

おそらく洋楽を聴いた量の違いだろう。当時より圧倒的な洋楽知識を持っていた桑田に対して、矢沢永吉は、78年発売の自著『成りあがり』（角川文庫）の中で、自分で買ったレコードはたった4枚しかないと公言している。

「Music Come On Back To Me, Yeah!」は、洋楽を血肉とした日本人による、日本ロック史上初の本格的英語シャウトだと言えよう。ある意味「♪胸さわぎの腰つき」よりも、インパクトは大きい。

私が《勝手にシンドバッド》を初めて聴いたのは、小学6年生の分際で親しんでいた深夜ラジオだった。確か、水曜深夜の『タモリのオールナイトニッポン』ではなかったか。あの歌い方にこの歌詞。邦楽か洋楽かすら分からなかった。そもそも、「何が起こっているのかすら分からない」という感じで、とても混乱したことを憶えている。

そんなかたちで、日本に「桑田語」が撒き散らされた。文語調・七五調で意味深な歌詞世界から、「日本語のロック」が解放された。そして「桑田語」は、その17年後、95年発売《マンピーのG☆SPOT》にある、「♪芥川龍之介がスライを聴いて〝お歌が上手〟とほざいたと言う」に極まることとなる。

ラジカルかつポップな音

ここまで書いてきたように、《勝手にシンドバッド》の衝撃を細かく分析してみると、そのボーカルと言葉が、ラジカリズム以外の何物でもないことが分かる。ただし、次に音そのものを見ていくと、ラジカリズムに加え、ポップ（大衆性）の要素が前面に出てくるのだ。

まずはメロディとハーモニー（コード進行）。これらを抜き出してみると、のちのサザン作品に比べて、とても大衆的でベタである。それもそのはず、この曲の母体は、もっとゆっくりとしたテンポで、ザ・ピーナッツの《恋のバカンス》（63年）を意識したものだった。

これは例えば、《チャコの海岸物語》や《そんなヒロシに騙されて》など、その後のディスコグラフィで、ちょいちょい顔をのぞかせる「歌謡曲パロディ」の先駆という捉え方もできる（そもそもタイトル自体、沢田研二[*13]《勝手にしやがれ》とピンク・レディー[*14]《渚のシンドバッド》のパロディ）。

ただし、そんな原曲に、またラジカルの魔法が振りかけられる。それは、リズムアレンジを担当した斉藤ノブ（現ノヴ）によるものだ。

テンポをぐっと速くすること。ドラムスをディスコ調にすること。パーカッション類を前面に押し出すこと。これらはすべて、斉藤ノブの意見によるものだろう。これにより、トラッドな歌謡曲がロック調になり、またテンポを速くすることで生まれる「早口ボーカル」によって、「何が起こっているのかすら分からない」と思わせる音に、大変身したのである。

今回、これを書くに当たり、《勝手にシンドバッド》を繰り返し聴いて、気付いたことがある。それはベースラインの独特さである。

ドラムスがディスコ調で、ひたすら賑やかなのに対して、ベースが4分音符基調で、他の楽器に比べて、比較的ゆったりしているのである（極論すれば4ビート）。その結果、妙に親しみやすい感じを与える。おそらく、曲のテンポを速くするときに、ベースのゆったり感は、そのままキープするという判断があったのだろう。

これによって生まれるものは、「何が起こっているのかすら分からない」混乱の中で、大衆との遊離を回避する、言わば「ポップの絆」のようなものである。「何が起こっているのかすら分からない」けれど、「何だか楽しくってワクワクするぞ」という感覚が、賑やかな演奏の中の4ビート・ベースより立ち込めるのである。

アルバム『熱い胸さわぎ』の演奏について、メンバーの中のMVPはドラムスの松田弘である（文句無し）。当時の日本ロックの水準から言えば、松田のドラミングは群を抜いていると思う。しかし「敢闘賞」を与えるとすれば、ベースの関口和之だ。

例えば、《別れ話は最後に》における、細かな音使いに象徴的なのだが、この頃の関口和之のベースには、「ルールに囚われず、独創的なベースを弾こう」という意志が強く表れている。桑田や松田弘、そして斉藤ノブに感化されたり、あるいは、彼らからある程度の指示もあっただろうが、それに必死に喰らいついていこうという、関口のけなげな姿が目に浮かぶ。

ただ、面白いのは、その「独創的」の方向性として、テクニック方面（指の速さとか、チョッパーとか）に走らず、ゆったりとしたビート感を追求するという姿勢である。世の中のリズムトレンドが８ビート→16ビートと細分化していく中、この曲（や《今宵あなたに》の中間部から）のベースの「４ビート感」、更には《当って砕けろ》《瞳の中にレインボウ》の「２ビート感」は、多分に独創的で大衆的、つまりは、ラジカルでありながらポップな音世界を生みだすのである。

と、長くなったが、ここまでの字数を費やしても語り切れないほどの衝撃が、《勝手にシンドバッド》には内蔵されていた。ヒットしたがゆえに顧みられない、この曲の衝撃が、ここからの論の前提になるので、しつこいほどに書いてみた次第である。

「目立ちたがり屋の芸人」

一夜にして歴史が変わるということがある。78年の8月31日、人々はそういう一夜を迎えることとなる。TBS『ザ・ベストテン』の、今後有望な曲を紹介する「今週のスポットライト」のコーナー。ライブハウス・新宿ロフトから、サザンオールスターズが生出演。《勝手にシンドバッド》を弾けるように演奏、人々を驚かせた夜である。

実は、このときの映像を未だに頻繁に観る。私は某大学で講師もしていたのだが、講義の間に学生に観せたりもした。何度観ても、胸が熱くなるというか、涙が出そうになるような、奇妙な感覚に陥る。そして今の大学生にも大好評だった。

演奏前のやりとりを、山田修爾『ザ・ベストテン』(新潮文庫)から引用する。

黒柳徹子「そこは、どういう場所なんですか。歌声喫茶みたいなところですか」
桑田「古いですね、黒柳さん」
黒柳「どんな人がいらっしゃるんですか」
桑田「酒を飲む人……」

ライブハウスがドッと沸く。

お酒のくだりには伏線があって、実は会場が盛り上がっていなかったため、サザンのメンバーや、大学の後輩が、観客に日本酒をふるまったというのだ。引用を続ける。

黒柳「急上昇で有名におなりですが、あなたたちはアーティストになりたいのですか」

桑田「いえ、目立ちたがり屋の芸人で〜す」

この「目立ちたがり屋の芸人」は、サザンファンの中で有名なフレーズだが、実は、事前に台本に書かれていたフレーズらしい。この発言の影響もあってか、その後しばらくサザンは、コミックバンドとして扱われる。

このときの演奏のテンポは非常に速い。しかし、松田弘の安定的なドラミングと、関口和之の例の「4ビート感」あるベースで、シンプルなグルーヴが形成されている。それとお酒の影響もあってか、観客はノリにノっている。上半身裸の桑田は、歌の途中で、「ランボルギーニ！」「カラムーチョ！」と叫ぶ（「ランボルギーニ」は当時流行したイタリアの「スーパーカー」の名前。逆に「カラムーチョ」は、この時点で同名菓子発売の6年前であり、語源・語意不明）。

それからちょうど3週間後の9月21日、《勝手にシンドバッド》は『ザ・ベストテン』の9位に初登場。その後、8位、5位と駒を進めて、10月12日のオンエアでは最高位である4位に輝く。当時の空気感を再現するべく、その日のベストテンを記しておく。名曲ぞろい。特に、サザンから、西城秀樹の最高傑作、野口五郎×筒美京平の隠れた名曲、そして沢田研二の絶唱という、4位～7位の並びにはゾクゾクする。

1位：世良公則＆ツイスト《銃爪《ひきがね》》
2位：堀内孝雄《君のひとみは10000ボルト》
3位：山口百恵《絶体絶命》
4位：サザンオールスターズ《勝手にシンドバッド》
5位：西城秀樹《ブルースカイブルー》
6位：野口五郎《グッド・ラック》
7位：沢田研二《LOVE（抱きしめたい）》

8位：ピンク・レディー《透明人間》
9位：アリス《ジョニーの子守唄》
10位：郷ひろみ《ハリウッド・スキャンダル》

混乱の気分しだいに

このように《勝手にシンドバッド》で世に出たサザンであったが、世の中の評価は、まったく定まっていなかったようで、[15]近田春夫『定本　気分は歌謡曲』（文藝春秋）によれば、あの近田の評価ですら、この時点では、曖昧な水準に留まっている。

「実力の中のかなり重要なポイントを、私は持続力だと思うのですが、そういう意味で、現在《イマ》サザンオールスターズを語るには時期が早すぎる。あと一年待って、まだ社会的に存在していたら、改めて考えてみたい気がします」

それどころか、当時、近田春夫と[16]かまやつひろしが「審査員」となって、サザンを責めるというテレビ番組があり、桑田佳祐が激怒したというエピソードもある。要するに、「一年後、社会的に存在しているであろうバンド」としてのポジションを築けていなかったということだ。実際には、そこから40年近くも存在し続けるのだが。

その背景には、「サザン＝コミックバンド」という空気が、当時メディアの中で濃厚に存在していたことがある。このあたりは若い読者には、信じがたい部分かもしれないが、当時を知る者として言えば、明らかな事実である。

当時において、日本を代表するコミックバンドとは、ザ・ドリフターズ*17だった。後は、人気的に数段落ちて、同じく渡辺プロダクション*18のビジーフォーなど。つまり、お笑いと音楽の比率で言えば、お笑いの方にかなり寄っていて、ドリフはお笑い9.5：音楽0.5くらい。ビジーフォーで7：3ほど。ということは、サザンも、音楽よりもお笑い重視のバンドとして捉えられていたということになる。

コミックバンド・イメージの象徴は当然、ボーカルの桑田で、テレビ番組の中で、ワイヤーで吊るされたり、檻に入れられながら歌わされるなど、散々な扱われ方をされ、また、ギャラは安く、忙し過ぎて風呂（銭湯）に行けず、その上、原由子は「桑田さんにくっつかないで！」という脅迫の手紙などをもらったりと（当時、桑田はアイドル的な人気もあった）、一気に強烈なストレスを抱えていく。

なお、この時期に彼らを追い詰めた、テレビ仕事のストレスを歌ったのが、80年発売のサードアルバム『タイニイ・バブルス』収録、《働けロック・バンド（workin' for

T.V.)》である。

しかし、私が驚くのは、そんな混乱の中でリリースしたセカンドシングルが、《気分しだいで責めないで》だったということだ（11月25日リリース）。

一般的には、あまり評判のよくない曲である。他ならぬ桑田も、「適当にデッチ上げた」曲で、「史上最低の曲」と断じている。

いや、私もさすがに名曲とまでは思わないし、《勝手にシンドバッド》の二番煎じであることは重々承知の上で、《勝手にシンドバッド》に勝る音圧、テンションの高さ、音作りに決して手を抜いていない感じ……つまり、テレビに追いまくられるストレスにも負けない、サザンとそのスタッフの粘り強さに感服するのだ。

テンポは《勝手にシンドバッド》よりも速い、つまり、かなり速い。ということはボーカルも、更に「早口ボーカル」となる。今回はドラムスもベースも一群となった16ビート。イントロの手拍子からノリノリで、ギターもハードに決まっている。大騒ぎ感半端なし（シングル・バージョンは、翌年発売のアルバム『10ナンバーズ・からっと』収録バージョンよりも、よりハジけている）。

面白いのは、演奏は16ビートなのにもかかわらず、歌詞の中では「♪エイトビートにのせて」と歌っているところである。計算なのか、適当なのか。

そして、その「エイトビート」という言葉とともに、サザンは78年の年末を迎える。当時、年越しの時間帯に、民放ラジオ局が共同でオンエアする『ゆく年くる年』という番組があったのだが、その78年版のテーマが「若い言葉はエイトビートで」で、サザンがテーマ曲を歌っているのだ。ちなみにパーソナリティは久米宏。

演奏は深町純グループ。アルトサックスは本多俊之、ギターは渡辺香津美という、当時のフュージョン（クロスオーバー）界の気鋭たちの演奏をバックに、サザンが歌うという珍音源。動画サイトで聴けると思うので確かめていただきたい。

桑田のボーカルに乗せて、久米宏が軽薄な早口で「エイトビート！」と叫びながら、78年は暮れていく。そして79年＝初期サザンの「第1期黄金時代」がやってくる。

80年代は、もうそこまで来ている。

『熱い胸さわぎ』全曲批評

【総評】★★★★★

原始的（という表現がぴったり）なパワーが詰め込まれた、いや、原始的なパワーだけで構成されている傑作。初期サザンを聴き始めるなら、まずはこの1枚からがいいと思う。ヘッドフォンではなく、スピーカーから、大音量で聴くべき1枚。

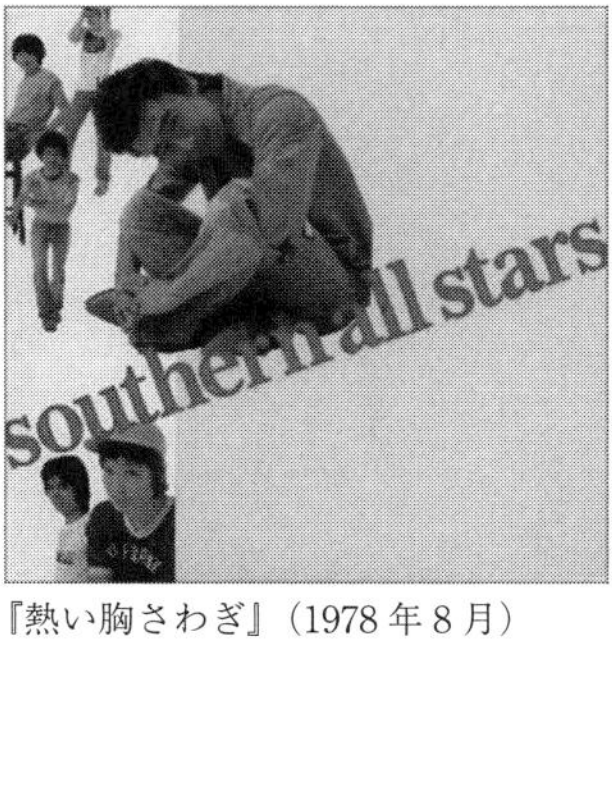

『熱い胸さわぎ』（1978年8月）

【#1：勝手にシンドバッド（作詞・作曲：桑田佳祐　編曲：斉藤ノブ&サザンオールスターズ）】★★★★★

すでに分析した通りの革命的名曲。ここに日本語のロックが成立する。追記として、リズムアレンジを担当した斉藤ノブの最大の功績。この曲には元々イントロがあったのだが、それを斉藤の判断で削除したという。結果、いきなりの「♪ララララー」のインパクトが生まれた。もし余計なイントロがあれば、革命の速度は落ちたかもしれない。

【＃2：別れ話は最後に（作詞・作曲：桑田佳祐　編曲：サザンオールスターズ）】★★★★

デビューシングル候補だったが、桑田と所属事務所アミューズ会長・大里洋吉の意見[*19]で《勝手にシンドバッド》に代えられた。サウンド的にはティン・パン・アレー風[*20]。特に鈴木茂[*21]の《ソバカスのある少女》に近い。関口和之のベースがいい。ちなみに元のタイトルは《ボサノバ'69》。

【＃3：当って砕けろ（作詞・作曲：桑田佳祐　編曲：サザンオールスターズ）】★★

ビートルズのファーストアルバムにも、素材のまま皿に盛られたような不可解な曲があるが、この曲もそんな感じ。エンディングにある「♪うーウォンテッド！」はピンク・レディー前年の大ヒットより。《勝手に〈シンドバッド〉》に続くピンク・レディー／阿久悠いじり。

【＃4：恋はお熱く（作詞・作曲：桑田佳祐　編曲：サザンオールスターズ）】★★

のちの《栞（しおり）のテーマ》（81年）や《素敵なバーディー（NO NO BIRDY）》（93年）に続く、サザンの「ビーチ系ロッカバラード」の先駆。音楽評論家・中山康樹がこの曲とコーラスとピアノをベタ褒め。特にピアノについて「彼女（原由子）だけ音楽的レヴェルがちがう」とまで（『クワタを聴け！』集英社新書）。

【＃5：茅ヶ崎に背を向けて（作詞・作曲：桑田佳祐　編曲：サザンオールスターズ）】

★★★★

《娘心にブルースを》《ニグロの気持ち》（ともに未発表）などと並ぶ、桑田のごくごく初期のオリジナル作品。西海岸調のポップチューンだが、ここでも関口和之のベースが奮闘。個人的に好きなのは、２分ぐらいから始まる桑田のスキャットの途中、「チキショー！　チェッチェッチェッチェッ」と聴こえるところ。アナログではここまでがA面。

【＃6：瞳の中にレインボウ（作詞・作曲：桑田佳祐　編曲：サザンオールスターズ）】★★★

「素材のまま皿に盛られたような不可解な曲」のパート2。ただし、メジャーセブンス（歌い出し「♪あなたがいない夜は～」のところの響き）、ディミニッシュ（同、続く「♪

とてもさびしいものね」）などのコードや、２ビートなど、当時の日本のバンドが、決して挑まなさそうな音を創り出そうという意気込みがうかがえる。「ちょちょ切れ」「さめざめしい」などの「桑田語」が炸裂。中でも「私しゃピアニシモ」は傑作だ。

【＃７：女呼んでブギ（作詞・作曲：桑田佳祐　編曲：サザンオールスターズ）】★★★★

シングルカットはされなかったものの、当時のサザンのイメージを規定した有名セクハラソング。生理用品アンネナプキンのＣＭで桑田が「偉大なる女性に感謝」と語る３年前。個人的に好きなのは、３分20秒あたりからの桑田のうめき声。明らかに「早く来いよ」「うーん、おっぱい」と言っている。

【＃８：レゲエに首ったけ（作詞・作曲：桑田佳祐　編曲：サザンオールスターズ）】★

「サザン、レゲエ、やってみました」的な試作品で、それ以上のものではない。この２年後の《恋するマンスリー・デイ》、４年後の《来いなジャマイカ》と、「サザン風レゲエ」は熟成されていく。ギターソロにある「♪レ・ミ・ド・ド・ソ」のフレーズは、当時流行った映画『未知との遭遇』より。

【＃9：いとしのフィート（作詞・作曲：桑田佳祐　編曲：サザンオールスターズ）】★★★★

桑田がこよなく愛したバンド＝リトル・フィートの影響があからさま。ちなみに、当時のサザンとリトル・フィートは、人数、楽器とも同じ編成。また歌詞の内容は、はっぴいえんど《春よ来い》へのオマージュか。ちなみにはっぴいえんどは、ラスト・アルバムでリトル・フィートのメンバーと共演している。

【＃10：今宵あなたに（作詞・作曲：桑田佳祐　編曲：サザンオールスターズ）】★★★★

個人的には、このアルバムで最も好き。「♪あなた悲しや天ぷら屋」という謎のフレーズは、原由子の実家、明治5年創業、横浜・関内駅前の「天吉」のことを指している。

＊なお、編曲クレジットについては、アルバム全体として、「Horns Arranged By Horn Spectrum」の表記あり。

――註釈

＊1【松任谷由実】：旧姓荒井由実。通称「ユーミン」。その独創的なコード進行や、情緒性・文学性の高い歌詞などで、桑田佳祐に勝るとも劣らないインパクトを音楽シーンに与えた最重要人物の1人。作詞：松任谷、作曲：桑田の《Kissin' Christmas（クリスマスだからじゃない）》（「桑田佳祐& His Friends」名義）という名曲がある。

＊2【山下達郎】：アメリカン・ポップスのエッセンスを駆使した音作りと、圧倒的な歌唱力が日本の音楽シーンに与えた影響は巨大。山下&竹内まりや夫妻と、桑田&原由子夫妻は、山下達郎の《蒼氓》という曲で共演。かなりの余談として、私のライター・デビューは、某ラジオ局のフリーペーパーにおける、山下&桑田の対談番組の宣伝記事（88年＝後ほど一部を紹介）。

＊3【シュガー・ベイブ】：その山下がデビュー（75年）したバンド。メンバーは、大貫妙子や村松邦男など。お薦めアルバムは『SONGS』（と言っても1枚のみ）。お薦め曲は、その1曲目の《SHOW》。「開口一番」という言葉があるが、山下達郎は、デビューアルバムの1曲目の開口一番から、凄まじいボーカルを聴かせる。

＊4【はっぴいえんど】：細野晴臣、大滝詠一、鈴木茂、松本隆。一説には「日本語ロックの始祖」。ただし個人的な見解として、それは正確なものではなく、始祖はザ・スパイダース、完成形はサザンではないかと考える。ただし、松本による文学的な日本語歌詞や、それを歪めて歌う、大滝の歌唱法が遺した功績は、嘘偽りなく、抜群に大きい。

＊5【大滝詠一】：あまたある「日本ロック史」本で最も神格化されている存在。もっと冷静に客観的に語られていい（大滝→桑田の影響についても）。しかしそれでも、81年の『A LONG VACATION』は日本にポップスというジャンルを確立した名盤。大滝とサザンは、83年の「オールナイトニッポン・スーパー・フェス」で共演。13年没。

＊6【ダウン・タウン・ブギウギ・バンド】：サザンに先駆けて、お茶の間にロックを普及させたバンド。宇崎竜童在籍。ヒット曲に《港のヨーコ・ヨコハマ・ヨコスカ》（75年）など。本文で触れた、宇崎の事務所への加入交渉の際、断る理由として、宇崎が「俺は言葉がわかんねえロックはやだ！」と言ったとか言わないとか（宇崎は否定）。

＊7【柳ジョージ】：78～79年のニューミュージック界における、桑田佳祐と並ぶ二大しゃがれ声。ただし、柳の方がより濃厚なしゃがれ方だ。ザ・ゴールデン・カップスでデビューし、ベース、ギター、ボーカルすべてに達者な実力を見せつけた。しばしば「日本のクラプトン」と評されたが、誇張ではないだろう。11年没。

＊8【ゴダイゴ】：79年のニューミュージック・シーンにおいて、サザンと人気を二分したバンド。80年以降、その「文部省的」なイメージで人気を失っていく軌跡は、拙著『1979年の歌謡曲』（彩流社）参照。お薦めアルバムは、その79年の《OUR DECADE》。歴史的な傑作だと考えている。現在も元気に活動中。

＊9【ザ・ゴールデン・カップス】：60年代後半に、日本で最も水準の高いロックを演奏したバン

ド（当時の言葉では「ＧＳ」＝グループサウンズ）。中心メンバーは、デイヴ平尾、ルイズルイス加部、エディ藩、そしてミッキー吉野など。後期には柳ジョージも加入。お薦めアルバムは『ザ・フィフス・ジェネレーション』（71年）。

＊10【吉田拓郎】：70年のデビュー以来、その幅広い音楽的知識と、独特のメロディ作り、ボーカルスタイルで一世を風靡した「フォーク界のプリンス」。80年代初頭は「俺のライバルは桑田佳祐だ」と公言。桑田のラジオでの発言「吉田拓郎を聴いて、音楽で金を稼ぐって、すげぇいいなと思ったんです」は、床の間に飾りたい言葉。

＊11【ザ・テンプターズ】：沢田研二がいたザ・タイガースとならんで、60年代後半、ＧＳ人気ナンバー1の座を分け合ったバンド。本文でも書いたように、萩原健一（ショーケン）のボーカルは、日本語ロックボーカルの基礎をなす。「萩原健一→大滝詠一→桑田佳祐」、「萩原健一→矢沢永吉→桑田佳祐」という流れを、決して無視してはいけない。

＊12【キャロル】：日本ロック史上、最も過小評価されているバンド。本文で見たように、日本語の英語的な歌い方や、英語まじりの歌詞は、サザンではなく、キャロルによる「発明」。追記すれば、後者の作詞面での功績は、矢沢永吉よりも、主にジョニー大倉によるところが大きい。お薦めアルバムは『ライブ・イン・〝リブ・ヤング〟』（73年）。

＊13【沢田研二】：桑田佳祐と並んで、私にとって最も思い入れがある音楽家の1人。もし「日本ロック殿堂」が設立されるとすると、桑田佳祐と沢田研二を殿堂入りメンバー第1号にしたいと

思う。ちなみに、沢田研二の誕生日は6月25日で《勝手にシンドバッド》の発売日。その意味でも《勝手にしやがれ》と《勝手にシンドバッド》は近しい。

＊14【ピンク・レディー】：《勝手にシンドバッド》のもう1つの原典《渚のシンドバッド》を歌い踊った2人組。阿久悠／都倉俊一による、その大ヒット曲群とサザンに、直接の音楽的関連性はないが、当時の聴き手からすれば、狂乱のピンク・レディー人気のバトンを受け継いで、サザンが出てきた感じがした。大騒ぎと胸騒ぎの78年夏。

＊15【近田春夫】：まずは音楽評論家。私がこの本で、このような分析的な物言いで書いているのも、すべては近田春夫の影響下にある。70年代後半に、テレビで歌謡曲分析をしている近田を観ていなければ、私はこの本を書いていない。そして音楽家としても、近田春夫&ハルヲフォン名義の『電撃的東京』（78年）という傑作アルバムを残す。

＊16【かまやつひろし】：吉田拓郎、矢沢永吉、桑田らより前にデビューし、日本ロックの礎を築いた大功労者。60年代後半のザ・スパイダース時代に、かまやつが導入した斬新なコード進行や、アレンジは、モノトーンの日本ロックを、極彩色に染めた。かまやつ作曲のザ・スパイダース《ヘイ・ボーイ》（66年）こそが、史上初の日本語によるロックだと考える。17年没。

＊17【ザ・ドリフターズ】：バンドとしての編成は、いかりや長介（ベース）、加藤茶（ドラムス）、高木ブー（ギター）、仲本工事（ギター）、荒井注（キーボード）。70年代後半以降には「お笑い10：音楽0」となる。ウィキペディアには、当時いかりやが桑田をドリフに勧誘したという話が書か

れている。

*18【渡辺プロダクション】：通称「ナベプロ」。戦後の日本芸能界の発展を中心で支えてきた芸能大手事務所。クレージーキャッツ、ドリフターズ、沢田研二、キャンディーズなど、所属タレントは枚挙にいとまがない。サザンが所属する芸能事務所アミューズの会長＝大里洋吉もナベプロ出身で、元キャンディーズのマネージャーである。

*19【アミューズ】：そのサザンの事務所、アミューズの大宴会があったとしたら、座席順は、上座から、大里洋吉会長、桑田、三宅裕司、富田靖子、深津絵里、福山雅治、星野源……という感じかと思う。

*20【ティン・パン・アレー】：細野晴臣、鈴木茂、松任谷正隆、林立夫によるバンド。主に他のシンガーのプロデュースやバッキングで活躍。当初はキャラメル・ママ名義で活動し、荒井由実『MISSLIM』（74年）などの傑作を残す。桑田は当時、ティン・パン・アレー（細野晴臣）が好きだったと発言している。

*21【鈴木茂】：はっぴいえんど、ティン・パン・アレーのギタリスト。本文で書いたように、《別れ話は最後に》は極めて鈴木茂風だが、加えて《勝手にシンドバッド》の歌い出し＝「♪砂まじりの～」にも、鈴木茂《砂の女》の「♪風まじりの～」からの影響があるのかもしれない。

第2章　1979年――サザンオールスターズ、世にはばかる。

パンクとしてのサザン

先に書いたように、１９７９年のサザンを、私は「第1期黄金時代」と捉える。《勝手にシンドバッド》が売れた。テレビの仕事に追われたり、コミックバンド扱いされたりと、予想外のストレスはあったものの、とりあえず、センセーショナルなかたちで世に出ることに大成功した。

そして、79年のサザンは、ある種、調子に乗って、自らの趣味性を出していく。言うまでもなく、「趣味」とは、自らが愛してやまなかった洋楽である。第1章で、サザンの音を、「ラジカルかつポップ」と形容したが、そのラジカルを「洋楽性」、ポップを

「大衆性」と訳せば、《勝手にシンドバッド》が「洋楽性」3割：「大衆性」7割として、79年のサザンは「洋楽性」と「大衆性」が半々くらいの比率になっている感じがする。そして、後にも先にも、そして横（同時期の他の音楽家）にもない、抜群に独創的な楽曲が生み出された1年間——。

さて、私は拙著『1979年の歌謡曲』で、この年のヒットチャートをつぶさに分析した。一言で言えば「歌謡曲勢力とニューミュージック勢力が拮抗した時代」。そして、その本で発表した、私の独断による名曲ランキングは次のようになる。

第1位：ゴダイゴ《銀河鉄道999》
第2位：オフコース《さよなら》
第3位：パル《夜明けのマイウェイ》
第4位：サザンオールスターズ《思い過ごしも恋のうち》
第5位：チューリップ《虹とスニーカーの頃》
第6位：八代亜紀《舟唄》
第7位：サザンオールスターズ《C調言葉に御用心》

第８位：布施明《君は薔薇より美しい》
第９位：サザンオールスターズ《いとしのエリー》
第10位：ゴダイゴ《ビューティフル・ネーム》
次点：松原みき《真夜中のドア》

この、サザンが３曲も入っているランキングの中で、当時のニューミュージック・シーンを代表していた音楽家、ゴダイゴ、オフコース、チューリップ、そしてサザンの年齢に着目してみる。

【バンド（代表メンバー）／生年（79年当時の年齢）／デビューからの年数】
・ゴダイゴ（ミッキー吉野）／１９５１年（28歳）／11年
・オフコース（小田和正）／１９４７年（32歳）／９年
・チューリップ（財津和夫）／１９４８年（31歳）／７年
・サザンオールスターズ（桑田佳祐）／１９５６年（23歳）／１年

初期サザンを考える上で重要なのは、この差である。桑田佳祐が、ライバルたちと比べて、いかに若かったか。その上に《勝手にシンドバッド》での破天荒なデビューである。ゴダイゴ、オフコース、チューリップという、完成された音で、着実に人気を積み上げてきた先輩バンドに対して、まったく新しい方法論によって、突然ブレイクした愉快犯。つまりは「パンクとしてのサザン」である。

79年、サザンが調子に乗り、趣味性を前面に押し出し、最も戦闘的だった1年が始まる。その戦闘の号砲は、言うまでもなく《いとしのエリー》だ。

いとしの《いとしのエリー》

《いとしのエリー》。79年3月25日発売。言うまでもなく、日本ロック史を代表する傑作。少なくとも、我々１９６０年代生まれの世代にとっては、その傑作性に、青春時代のセンチメンタルな思い出も交錯し、唯一無二の輝きを放ち続ける曲となる。そのあたりの気分を表現しているのが、小沢健二の《愛し愛されて生きるのさ》（94年）である。

10年前の僕らは胸をいためて「いとしのエリー」なんて聴いてた

ふぞろいな心はまだいまでも僕らをやるせなく悩ませるのさ

94年の「10年前」だから84年前後のことを歌っている。ちなみに続く「ふぞろい」という語句は、当時放送されていた、《いとしのエリー》を主題歌としたドラマ＝『ふぞろいの林檎たち』（パート1は83年、パート2は85年）を示しているのだろう。

拙著『１９７９年の歌謡曲』で記した、この曲についての形容＝「日本ロック史の最重要人物（桑田）が、最重要人物になるキッカケを作った最重要な曲」は、くどいことこの上ないが、盛っているつもりはない。そこに込めたのは、曲としての完成度以上に、《勝手にシンドバッド》→《気分しだいで責めないで》に続いて、この曲がシングルに選ばれたという事実、言い換えれば、サードシングルとして、当初の予定だった《思い過ごしも恋のうち》が選ばれなかった奇跡への感謝である。

《思い過ごしも恋のうち》ではなく、《いとしのエリー》をシングルに選んだのは、一種の原点回帰である。サザン自身の「いとし」の存在だったビートルズへの回帰。「俺たちは、テレビで大騒ぎするコミックバンドなんかじゃない。ビートルズの後継者としての、ロックバンドなんだ！」という思い。

「で、作ったのよ、一所懸命。やっぱりビートルズが歌うみたいな曲を俺も歌いたいと思ったし。俺たちが本音でやりたい音楽ってのはこういうのなんだって見せたい気持ってあるじゃない、やっぱり」（『ロックの子』）

確かに、聴いた印象は、とてもビートルズ的である。特に「♪泣かした事もある」から「♪あればいいのさ」までのコード進行（【D】→【F♯m】→【D7】→【G】）で想起するのは、ビートルズの《サムシング》である。またイントロの2小節目をはじめ、何度も出てくる【E9】という、個性的なコードで引っかかりを作るあたりも、ビートルズ的である。

ここでまた、矢沢永吉の話をする。実は、矢沢のソロとしてのデビューシングル《アイ・ラヴ・ユー，ＯＫ》と《いとしのエリー》に、非常に共通した印象を感じるのだ。リーゼントでつっぱるロックンロールバンド＝キャロルの幻影を振り払うためのバラード＝《アイ・ラヴ・ユー，ＯＫ》と、ジョギングパンツ姿ではしゃぐコミックバンドの幻影を振り払うためのバラード＝《いとしのエリー》。また、2曲とも非常にビートルズ的で、更には、歌い出しから2小節のコード進行が同じ（【Ⅰ】→【Ⅲｍ】）。矢沢と桑田の、ビートルズの後継者としてのプライドが、時空を超えて聞こえてきそうだ

（ただし、《アイ・ラヴ・ユー，ＯＫ》についてはは《サムシング》だけでなく、同じく『アビー・ロード』収録《オー！ダーリン》の影響の方も強そう）。

本当に良かった。もし、《気分しだいで責めないで》に続くシングルとして、《いとしのエリー》が選ばれて、《気分しだいで責めないで》→《思い過ごしも恋のうち》とつながっていれば、コミックバンドの幻影が、振り払えなかったのではないか。だとすると、その後の日本ロックを牽引《けんいん》する、サザンの圧倒的な存在感を獲得できなかったかもしれないのだ。

発売から2か月後、79年の6月7日に、《いとしのエリー》は『ザ・ベストテン』で1位を獲得。我々世代にとっての「いとしの《いとしのエリー》」となる。

エリーとは誰か？

そんな《いとしのエリー》で歌われた「エリー」とは誰なのか。

通説では、桑田佳祐の4歳上の姉、えり子さんのことを指すと言われている。ビートルズが好きで、インド哲学にハマって、部屋でお香を焚いて、外国人の友達も多かったという、絵に描いたようにヒップな女性だったという。

ただし、もう1つの説として、原由子のことを指すという証拠もある。このあたりの事情は桑田へのインタビュー本=『ブルー・ノート・スケール』(ロッキング・オン)と、原由子『娘心にブルースを』(ソニー・マガジンズ)に詳しい。

(1)デビュー前、桑田は原由子にプロポーズをし、原はそれを受ける。
(2)しかし桑田は、偶然に再会した、小中学生の同級生の「Bさん」と恋に落ちる(ちなみにこの「Bさん」こそが《ラチエン通りのシスター》のモデル)。
(3)「Bさん」は、桑田に結婚を強く迫っていて、桑田は戸惑っていた。
(4)79年1月下旬の夜、「好きな人が出来た」と桑田は原に告げ、一瞬2人は別れる。
(5)しかし翌日、まぶたを腫らした桑田が、原に「結婚しよう」と再プロポーズ。
(6)その後、2月のある晩、「曲が出来た」と言って、桑田が原に電話越しで《いとしのエリー》を聴かせた。

2冊の内容をまとめるとこういう経緯となる。このあたりの経緯を考えれば、「エリー」=原由子という可能性が高くなる。

この3年後、82年に桑田と原由子が結婚。ファンも招いた披露宴で、「♪エリー My Love So Sweet」の「エリー」を「由子」と変えて唱和したと記憶するが、「エリー」が原のことだったとしたら、そこを替え歌にする必要はなかったということになる。

そして、先に《気分しだいで責めないで》の次が《いとしのエリー》で良かったと書いたが、これは言い換えれば、桑田が原由子に恋をしてくれて良かったということになる。

――などなど、色々と深読みは出来るものの、雑誌『Switch』(13年8月号)の桑田発言によれば「『いとしのエリー』の〝エリー〟だって、何だか口を吐いて出てきたのが歌詞になったんですから」ということなので、「エリー」という固有名詞に、あまり深い意味を込めてはいないのかもしれないが。

それにしても、若き桑田のエネルギーは恐ろしい。さすがに具体的な日程までは特定できないものの、1月に一瞬別れ、その翌日にプロポーズ、2月に《いとしのエリー》完成、そして2月20日には、人前で《いとしのエリー》を披露しているのだから、恐れ入る。

その《いとしのエリー》初披露の音源が、私の手元にある。FM東京(当時)の番組

『小室等の音楽夜話』の千回記念コンサート。79年2月20日収録、会場は日本武道館。

このときサザンは、《勝手にシンドバッド》と《いとしのエリー》の2曲を披露している。すでに大ヒットしていた《勝手にシンドバッド》は大盛り上がり。間奏のサンバのところでは、桑田が《ハレルヤ・コーラス》まで歌って大サービス。対して、《いとしのエリー》の反応はまばら。原由子も「会場の武道館を埋めつくしたお客様が、一瞬シーンとなった。『え？ これがサザン？』というとまどいの反応であった」と記している（『娘心にブルースを』）。

そりゃ「シーン」ともなるだろう。その段階では、《勝手にシンドバッド》と《気分しだいで責めないで》のサザンに過ぎないのだ。しかし、新生サザンへの驚きとも言えるその「シーン」が感動に変わるのに、さほど時間はかからなかった。

ちなみに、えり子さんに話を戻せば、桑田は、彼女が異母姉だったことを告白している。いくつかの桑田のインタビューを読むと、このえり子さんからの影響が、とても大きかったことがよく分かる。それどころか《シュラバ☆ラ☆バンバ》（92年）では、「♪大好きなERIKO」と歌っている。そう考えるとやはり、えり子さんと「エリー」、まったくの無関係ではない気もしてくる。岩本えり子。旧姓桑田えり子。08年没。享年56。

歌詞の無い歌詞カード事件

シングル《いとしのエリー》発売のほぼ10日後、１９７９年4月5日、アルバム『10ナンバーズ・からっと』発売。

まずはジャケット。サザンのアルバムジャケットは、見るべきものは本当に少ないが、このジャケットに限ってはなかなかいい。「１９７９年のサザン」の心理状態を冷凍保存することに成功している。表面に（左から）原由子、桑田佳祐、大森隆志。裏面は、同じく左から、関口和之、松田弘、野沢秀行。裏面の３人のにこやかな表情に比べ、表面３人の陰鬱な表情はどうだ。特に桑田は、人生すべての疲労感を背負っているような表情をしている。それもそのはず、放送局とスタジオを行き来する殺人的なスケジュールに加え、コンサートツアー（3月20日開始の「春五十番コンサート」）、そして前項で書いた原由子との恋愛など、あまりにエキサイティングな日々の撮影だったのだから、そりゃ疲れも顔に出るだろう。

収録曲はタイトル通り10曲。音楽性の視点で代表曲を挙げれば、何といっても《思い過ごしも恋のうち》である。ここまで、《いとしのエリー》のことをベタ褒めしたので、サードシングルの座を争った《思い過ごしも恋のうち》を、邪魔者扱いしているように感じた読者もいるかもしれないが、この曲はこの曲で、主に演奏レベルの点で、初期サザンの代表曲となる。ぐんぐんドライブするドラムスと、それを粘着的にサポートするベースは、とても79年の演奏とは思えない。ティン・パン・アレーによる荒井由実《COBALT HOUR》や、サディスティック・ミカ・バンド[*1]のライブ盤における《塀までひとっとび》の演奏と比べたくなる水準にある。

さて、このアルバム、歌詞カードがかなり変わっている。なんと歌詞が書かれず、「♪◆◎▼□●♂■」などの記号だけが並べられている曲が、3曲もあるのだ（《奥歯を食いしばれ》《アブダ・カ・ダブラ（TYPE2）》《ブルースへようこそ》）。この3曲を聴けば、しっかりと日本語の歌詞で歌われている。つまり歌詞がないわけではなく、時間の関係で、歌詞の入稿に間に合わなかったのである。加えてこの「歌詞カード事件」は、歌詞を事前に確定させず、レコーディング・セッションの中で、演奏に合わせて歌いながら、最終的な言葉を決めていくという、桑田独自の作詞術もうかがわせる。特に、作曲クレジットが、桑田佳祐ではなく「サザンオールスターズ」名義になっている《ブルースへようこそ》は、歌詞も演奏も、6人のセッションの中で、一から一気に作り上げた曲ではないだろうか。

では、その歌詞は聴き取るしかないのかと思いきや、サザンの歌詞を集めた本、桑田佳祐『ただの歌詩じゃねえか、こんなもん』（新潮文庫）には、歌詞がしっかりと書かれているのだ。

おとこのがいいの　ただひとつ気がかりになるのは　ミソよ
恋したらしいの　ほられるのに　気持ちがこれほどいいとは　思いもせず

と、この歌詞を改めて読んでみると、時間の問題だけでなく、歌詞があまりに下品なので、歌詞カードに残さない方がいいのでは、という判断もあったのかもしれない。

アルバムの冒頭は《お願いD.J.》。余談として、この79年４月から桑田は、ニッポン放送『オールナイトニッポン』の木曜１部のDJを担当することになる（翌年６月まで）。また、この年の10月には、木曜２部に明石家さんまが起用され[*2]、木曜深夜は、のちにさまざまなコラボをする、桑田・さんまコンビのリレーとなる。その木曜１部において、桑田降板後、ダディ竹千代を経て、81年の元日から始まるのは、ご存知『ビートたけしのオールナイトニッポン』である。

声が出ていないボーカル

アルバム『10ナンバーズ・からっと』に対する、桑田佳祐自身の評価は極めて厳しい。「『10ナンバーズ・からっと』ってアルバム、実は一番きらいなんです。駄作と言うか、根性入ってないって言うか、だめですね」（『ただの歌詩じゃねえか、こんなもん』）とくるから散々である。

私自身は、それほど嫌いではなく、むしろ《いとしのエリー》と《思い過ごしも恋のうち》が入っているというだけで、「名盤」として位置づけても良いと思うのだが、私なりの減点材料もあって、それは、桑田の声だ。

ぶっちゃけて言えば、声が出ていない。そもそも桑田のボーカルは、アルバム『ステレオ太陽族』までは、何というか、「喉で歌っている」感じがする。より具体的に言えば、喉のあたりで唾液がくるくる回っているようなしゃがれ声で、迫力に欠ける。それが、『ステレオ太陽族』の翌年にリリースされた『NUDE MAN』の1曲目、《DJ・コービーの伝説》で、喉ではなく身体全体で発声している感じに変わる。「しゃがれ声」

というより、もっと野太い声の印象となる。

それに輪をかけたのが、『10ナンバーズ・からっと』の頃のハードスケジュール。歌いすぎて喉をつぶして、医者に「君はもうすぐ来ると思ってたよ、テレビで見てたら」と言われたというエピソードもある（『ロックの子』）。

例えば、完全無欠の《思い過ごしも恋のうち》にしても、1番と3番にそれぞれ出てくる「♪涙ぐみ　酔『い』しれる気持ち」の「い」について、1番は裏声、3番は地声となっていて、このあたりも、計算というより、「喉で歌っている」ことに加え、歌いすぎで声をつぶしたために、この高音部（上のAの音）を発声するのがつらかったので、1番では裏声にしたのではないかと、推測されるのだ。

この年の8月4日・5日、江の島ヨットハーバーで行われた「JAPAN JAM」というイベントにサザンは出演している。共演は何と、ビーチボーイズ、ハートなど、アメリカの人気バンド。そのときサザンは、ハートのモニター機材を使ったらしいのだが、桑田は「自分の声が抜けてこない」という感じがしたという。同じ機材を使うことで、アメリカ人（ハート）と自分の、ボーカルの迫力の違いに気付いたのだろう。これはボーカリストとして、相当にショックだったはずである。

そのようなボーカル状態もあって、『10ナンバーズ・からっと』に対する、桑田自身の評価が下がったのだろう。歌い方や、喉の状態に満足できないまま、過密なスケジュールで録音させられたこと、歌わされたこと。そんな不満が集積して、桑田自身の評価を下げていると考えられるのである。

アルバム『NUDE MAN』以降、ぐんぐん声が出るようになり、90年代前半くらいに、桑田のボーカルは完成する。決して大きくない身体全体が、スピーカーのように響いて、とても豊かな声量で発声される。その頃に、もう「しゃがれ声」「巻き舌ボーカル」などと形容されなくなったのは、桑田流ボーカルスタイルが浸透したこともあろうが、声の発生（発声）源が、口や喉ではなく、腹＝身体全体と感じられたことも、要因として大きいはずだ。

身体全体を使った、現在の桑田ボーカルに耳馴染んだ立場からすると、『10ナンバーズ・からっと』は、確かに物足りない。唯一無二のボーカルスタイルを築くまでの助走期間として、そして、そんな悩ましい桑田を、残り5人のメンバーが、一生懸命サポートしたアルバムとして、微笑ましく振り返るのがいいと思う。

10月25日、シングル《C調言葉に御用心》発売。これまた名曲。そして年末には『10

ナンバーズ・からっと』が日本レコード大賞のベストアルバム賞に選ばれ、そして初のNHK『紅白歌合戦』出場。騒がしい1979年が暮れていく。

「第1期黄金時代」

1979年は、「初期のサザンオールスターズ」における「第1期黄金時代」だと考える。

まず、名曲《いとしのエリー》をリリースできたこと。そしてそれがしっかりと世評を得たこと。71万枚の大ヒット、オリコンは最高位2位、『ザ・ベストテン』で1位を獲得。更にサザンは、『紅白歌合戦』で《いとしのエリー》を堂々と歌いきる（実際のところは、その時期、先に触れたように喉の調子が悪かったらしいが、『紅白』当日、偶然復調したという）。

次に、《いとしのエリー》をきっかけに、コミックバンド・イメージが払拭され、変にコーティングせず、自身の音楽志向性をストレートに打ち出せる環境が整ったこと。つまりは、ラジカルとポップ、洋楽性と大衆性の、より積極的な融合。細かく言えば、「ラジカル」「洋楽性」の比率を、少し上げたかたちでの融合が出来る土壌が整ったのだ。

細かくは触れなかったが、《C調言葉に御用心》には、《勝手にシンドバッド》の幻影などみじんも感じられない。辛口の音楽評論家＝中山康樹も大絶賛である──「ありったけのアイデアと思いを投入した感がある。そしてそれらすべてが有機的・音楽的・必然的に結びつき、最終的にクワタのヴォーカルでサザン色にまとめ上げられていく快感。この四分三三秒は短い」(『クワタを聴け！』)

そして何よりも、サザン／桑田佳祐が、時代の寵児となったこと。当時の芸能雑誌の代表格である『月刊明星』(集英社)の79年の12冊の表紙のうち、サザンが3回も登場しているのである。4月号はサザン＋榊原郁恵。9月号はサザン＋大場久美子。そして年末、12月号は何とサザン＋山口百恵(！)。

その12月号、陰鬱なモノクロ画像の『10ナンバーズ・からっと』ジャケットとはまったく異なる、サザン6人と山口百恵がほほ笑むカラーの表紙をめくると、巻頭記事としてサザンが取り上げられている。「午前0時の熱球～SAS・目ざせ胴あげトレーニング」。内容は、真夜中の野球場で、草野球の練習をするというもので、いかにものヤラセの記事である。それはともかく、79年のサザンは、『明星』の巻頭で取り上げられるような存在になっていたということである。

「手ごたえのある曲を作ることが出来た。それが売れた。『紅白』にも出られた。そして山口百恵と『明星』の表紙を飾るまでの存在になった。小田和正や財津和夫、ミッキー吉野は年上だし、昨年まで盛り上がっていた『ロック御三家』（ツイスト、*3 Char、*4 原*5田真二）は最近元気がなくなってきた。俺達には、もう怖いものなどない！」

そう思っても仕方がないだろう。たった1年前に彗星《すいせい》のごとく登場、「いえ、目立ちたがり屋の芸人で〜す」と叫んでいたジョギングパンツ姿の6人組が、今や天下を取った。サザンオールスターズ、世にはばかる。

初めての『紅白』は、白組の7番目として登場。ツイスト《燃えろいい女》の後、さだまさし《関白宣言》の前。サザン《いとしのエリー》と組み合わされた紅組の歌手は*6大橋純子《ビューティフル・ミー》。白組司会・山川静夫の紹介は、「まことにユニークな歌です。まことにユニークなサウンドです。まことにユニークなグループ、サザンオールスターズが、ヤングのハートをがっちり掴んで、大張り切りの初出場。歌はもちろん、《いとしのエリー》です！」

この『紅白』は、「第1期黄金時代」の頂点であり、そして終焉でもあった。

『10ナンバーズ・からっと』全曲批評

【総評】★★★

『熱い胸さわぎ』に比べて、音楽的にはかなり整理されていて、また《いとしのエリー》と《思い過ごしも恋のうち》の2曲だけでも、ロック史にその名を残すものの、先に書いた「桑田の声問題」で減点される。2か月足らずの録音期間。もう少し時間をかけて仕上げることが出来たならと悔やまれる1枚。

【#1：お願いD．J．（作詞・作曲：桑田佳祐　編曲：サザンオールスターズ　弦・管編曲：新田一郎）】★★

同じく「ラジオもの」である、のちの《DJ・コービーの伝説》や、佐野元春の《悲

『10ナンバーズ・からっと』
（1979年4月）

しきRADIO》に比べると迫力の差は歴然。ただし間奏で聴ける、桑田佳祐による、伝説のＤＪ＝ウルフマン・ジャックの物まねはとても上手い。実際に桑田は、ウルフマン・ジャックの吹き替えをした経験あり（80年にフジテレビで放送された映画『アメリカン・グラフィティ』）。

【♯２：奥歯を食いしばれ（作詞・作曲：桑田佳祐　編曲：サザンオールスターズ）】★★★★

歌詞カードに歌詞が無い曲その１。演奏的には非常に水準が高い。歌詞カードに歌詞が無いということは、〆切を超えてセッションしていたのだろう。また、そのセッションでは、松田弘と原由子がバンド全体を牽引していたことも、強く感じさせる。でも、いちばん素敵なのは、「奥歯を食いしばれ」というタイトル。

【♯３：ラチエン通りのシスター（作詞・作曲：桑田佳祐　編曲：サザンオールスターズ）】★★★★

桑田と付き合っていた女性＝原由子の恋敵に関する歌（を原に演奏させるごむたいさ）。名曲にして人気曲だが、次の曲がアレなので４つ星。ラチエン通りは、茅ヶ崎の国道１

号線と海岸の国道134号を南北に結ぶ道で、昭和初期に、ドイツ人貿易商のルドルフ・ラチエンが別荘を作ったことから命名されたという。妹尾隆一郎のハーモニカが白眉。

【#4：思い過ごしも恋のうち（作詞・作曲：桑田佳祐　編曲：サザンオールスターズ　弦・管編曲：新田一郎）】★★★★

4分38秒のマジック。5つ星は言うまでもなく、初期サザンの中でも1、2を争う傑作。作詞（拙著『1979年の歌謡曲』で詳細に分析）、作曲、編曲すべてにおいて完璧。特に松田弘のドラムスと、ホーン・スペクトラム[*7]によるホーンによって、歴史的な水準に達している。聴き終わった瞬間、意味もなく「ざまあみろ！」と叫びたくなる。

【#5：アブダ・カ・ダブラ（TYPE 1）（作詞・作曲：桑田佳祐　編曲：サザンオールスターズ）】★★

巨匠・薗田憲一[*8]を招聘《しょうへい》したデキシーランド調。《当って砕けろ》《瞳の中にレインボウ》に続く2ビート。基になっているのは、ビートルズ《You Know My Name》の後半部分。特に2分10秒あたりからの桑田のうめき（?）は本家そっくり。ちなみに「アブダ・カ・ダブラ」は、ビートルズのアルバム『リボルバー』の仮タイトル。

【#6：アブダ・カ・ダブラ（TYPE 2）（作詞・作曲：桑田佳祐　編曲：サザンオールスターズ）】★

歌詞カードに歌詞が無い曲その2。なぜ、2曲に割ったのかがよく分からない（更には、シングル《いとしのエリー》のB面に「TYPE3」も存在）。アナログではここからB面だったので、B面はいきなり《気分しだいで責めないで》の方が全然良かった。ちなみにこの《アブダ・カ・ダブラ》は、サザン本人たちが出演した、「日清焼そばU.F.O.」のCMソング。動画サイトで検索されたい。その出方に呆れる。

【#7：気分しだいで責めないで（作詞・作曲：桑田佳祐　編曲：サザンオールスターズ弦・管編曲：新田一郎）】★★★

前年発売の第2弾シングル。色んな意味で低く見積もられがちな曲だが、《思い過ごしも恋のうち》と同じ意味で、演奏的には高みに達している。ただし、《思い過ごしも恋のうち》や《勝手にシンドバッド》に比べて、工夫が足りないとも思う。今、イントロや間奏のギターソロを聴くと、大森隆志という人は、こういうギターを弾きたかった人だったのかと合点がいく。

【♯8：Let It Boogie（作詞・作曲：桑田佳祐　編曲：サザンオールスターズ　弦・管編曲：兼崎ドンペイ）】★★★

個人的には、この曲や《いなせなロコモーション》の、サービス精神たっぷり「ロックンロール・サザン」は大好き。それだけに桑田の声が惜しい。「♪東京の女じゃ金が重《かさ》む」という歌詞には笑える。喫煙者向け歯みがき「ザクトライオン」CMソング。歌詞「♪ヤンニヤンニ」は、CMでは「ヤニ」のシーンに当てられていた。

【♯9：ブルースへようこそ（作詞・作曲・編曲：サザンオールスターズ）】★

歌詞カードに歌詞がない曲その3。憶測だが、歌詞カードに歌詞がないこと（＝遅い時期の録音）や、リトル・フィート風スライドギターの活用などから、《奥歯を食いしばれ》と一連のセッションだと思われる。ただし音楽的迫力は《奥歯を食いしばれ》と段違い。《奥歯を食いしばれ》のセッションの後、時間がない中で、でっち上げた曲かもしれない。

【#10：いとしのエリー（作詞・作曲：桑田佳祐　編曲：サザンオールスターズ　弦・管編曲：新田一郎）】★★★★★

何度も何度も繰り返すが、「日本ロック史の最重要人物（桑田）が、最重要人物になるキッカケを作った最重要な曲」。中山康樹は、この曲がマリーナ・ショウの某曲に似ているために、評価を「下方修正」すると書いているが、いやいや、その某曲よりも《いとしのエリー》の方が断然いい曲だと思うので、私はむしろ「上方修正」する。

――註釈

*1【サディスティック・ミカ・バンド】：傑作アルバム『黒船』（74年）と、75年のロンドン公演（ただし、ロキシー・ミュージックの前座）で、英米でもカルトな人気を得た日本のロックバンド。加藤和彦、高橋幸宏、高中正義などが在籍。アルバム『ミカ・バンド・ライブ・イン・ロン

ドン』（76年）収録、《埒までひとっとび》の緊張感あふれる演奏は必聴。

＊2【明石家さんま】：のちに桑田作詞・作曲《アミダばばあの唄》（83年）を歌うことになる、桑田と親交の深い、未だに現役バリバリのコメディアン。サザンファンとして印象深いのは、フジテレビ『さんまのまんま』に桑田が出演し、同番組のテーマソングを番組内で作曲する回（85年10月14日）。その後、KUWATA BANDとして同番組に出演し、そのテーマソングを演奏する（86年8月4日）。

＊3【ツイスト】：78～79年のサザンにとってのライバル的存在。初期は「世良公則&ツイスト」。ヒット曲に《あんたのバラード》《銃爪《ひきがね》》。78年頃に、後述のChar、原田真二とともに「ロック御三家」という身も蓋もない言い方でくくられる。個人的には、後期メンバー・松浦善博のスライドギターに目を見張った。81年解散。

＊4【Char】：チャー。日本を代表するギタリスト。76年デビュー。素晴らしいギター・テクに加え、甘いマスクとボーカルでアイドル的人気を得る。多少の浮き沈みはあるも、若手音楽家からリスペクトされる存在であり続け、現在でも現役バリバリ。お薦め代表曲として、デビューアルバム（76年）収録＝《スモーキー》（のイントロ）。

＊5【原田真二】：77年デビュー。伝説の3か月連続シングル発売（《てぃーんずぶるーす》《キャンディ》《シャドー・ボクサー》）で一気にスターの座に上り詰める。サザンより前にアミューズに所属するも、すぐに離脱。また青山学院大学（青学）出身という意味でもサザンとの関係は近し

い。ただし青学について、原田は中退、桑田は除籍。

＊6【大橋純子】：74年デビュー。筒美京平作曲の《たそがれマイ・ラブ》（78年）と、来生たかお作曲の《シルエット・ロマンス》（81年）という、圧倒的名曲2曲の歌唱で、永遠に語り継がれていくであろう女性シンガー。

＊7【ホーン・スペクトラム】：初期サザンを支え続けたホーン・セクション。トランペットの兼崎順一、新田一郎とトロンボーンの吉田俊之の3名。元々は、キャンディーズのバックバンド。彼らによる、アルバム『人気者で行こう』収録、《夕方 Hold On Me》のホーンが鳴り響くイントロは、サザン史上最高傑作イントロの1つ。

＊8【薗田憲一】：日本のデキシーランド・ジャズを確立したトロンボーン奏者。29年島根県生まれ。60年に「薗田憲一とデキシーキングス」を結成。77年にはニューオーリンズ名誉市民となる。06年没。

第3章　1980年——サザンオールスターズ、迷う。

ファイブ・ロック・ショー

一般には「5か月間の休養宣言」。ただしその実は、その期間、スタジオにこもり、レコーディングに集中し、シングル5枚とアルバム2枚を制作するのだから、ちっとも「休養」ではないのだが、そのプロジェクトを称して、「ファイブ・ロック・ショー」。5か月間・5枚のロック・ショー。

ただしこのプロジェクトが、急ごしらえで見切り発車だったことがよく分かるのは、報じられた構想と実際との、細かな食い違いである。

・「5か月間の休養」→1980年1月~6月の6か月に及んだという記述も多い。
・「アルバム2枚制作」→『タイニイ・バブルス』1枚のみ（そもそも半年にアルバム2枚は無理があろう。ただしカセットテープでの企画アルバム『Kick Off!』が7月5日に発売）
・「5か月連続でシングルリリース」→4月にはリリース無し。

話を戻すと「休養宣言」とは、つまり「テレビ休養宣言」だったわけである。分刻みのスケジュールでサザンを苦しめたテレビからの逃避、解放。そして、中期以降のビートルズのように、スタジオにこもって、趣味性の高い音楽を発表し続け、心あるファンの支持によって、それらが連続ヒットになるという構想——。

それは構想ではなく、妄想に終わった。その間に発売されたシングルの売上。

【《曲名》／発売日／売上枚数】
《涙のアベニュー》／2月21日／8・7万枚
《恋するマンスリー・デイ》／3月21日／5・5万枚

《いなせなロコモーション》／5月21日／9・8万枚
《ジャズマン（JAZZ MAN）》／6月21日／3・7万枚
《わすれじのレイド・バック》／7月21日／3・4万枚

階段の上で足を滑らせたような転落ぶりである。最後の《わすれじのレイド・バック》に至っては「3・4万枚」。その1年数か月前に、《いとしのエリー》で71万枚を叩き出したバンドのシングルが、その20分の1の売上に甘んじているわけである。

「あれはね、俺たちは波に乗ったなと思ったんだけどね。実際は違ってたって時期なの。これは乗ったな、『エリー』をとっかかりにいいことできるぞと思ったら、実は乗ってねえでやんの。計算違いもいいとこ」（『ロックの子』）

転落の要因は、テレビでの露出が無かったことに加え、音楽として、趣味性（洋楽性）が強すぎたことだと考える。

しかし、売上の問題はともかく、テレビから解放された若者6人が、洋楽からの影響を隠さずに、奔放にプレイしているさまは、ファンとしてはとても楽しい。サザンオールスターズという人格に、「青春」と呼べる期間があるとしたら、あきらかに80年である。青春とは自由で、楽しく、そして悩ましい。

また、ある程度時間をかけたセッションを経ているせいか、演奏面でも一段上にステップアップした感がある。この5曲の中では、オールディーズ・パロディ＝《いなせなロコモーション》の演奏が抜群にいい。《思い過ごしも恋のうち》で高みに達した演奏能力をもって、ぐんぐんドライブする8ビートを、余裕で叩き出している感じだ。

70年代から80年代への変化は、とても大きかった。長髪から短髪へ、パンタロンからスリムへ。重厚長大から軽薄短小へ、音を立てて変化した。松田聖子[*1]（アイドル）とイエロー・マジック・オーケストラ（テクノポップ）とB&B（漫才ブーム）がもたらした、キラキラ光る薄っぺらい時代の空気に、サザンは少し乗り遅れた。80年、趣味性と時代性の狭間でサザンは、悩ましい青春時代に迷い込んでいく。[*2]

「裏ファイブ・ロック・ショー」

つまり「ファイブ・ロック・ショー」とは、売れなかった5枚のシングル群なのである。とはいえ、シングルA面の5曲については、今となっては知名度も高く、未だにファンの間で愛されているのだが、さすがにB面の5曲については、語られることもほとんど無い。言わば「初期サザンの極北」と言える。
ここでは、そんな「裏ファイブ・ロック・ショー」5曲を丹念に確かめてみる。ありがたいことに、現在でもiTunesなどで容易に入手可能なので、ご興味ある向きは購入されたい。楽曲の質としては、『タイニイ・バブルス』にも収められた《Hey! Ryudo!（ヘイ！リュード！）》以外、非常に実験的なもので、スタジオという遊び場で、またB面という解放区で、6人がはしゃぎながら作ったことがよく分かる反面、クオリティとしては正直、食い足りないものが多い。そのため、星での評価は差し控える。

《涙のアベニュー》B面
【Hey! Ryudo!（ヘイ！リュード！）（作詞・作曲：桑田佳祐　編曲：サザンオールスターズ　弦・管編曲：八木正生）】
アルバム『タイニイ・バブルス』と同音源だが、エンディングに謎の会話とダメ押しエンディングが収録されている超・珍音源。その部分を聴き取ると——

関口「すいません、もう時間がないんだから」

桑田「もうそんな時間か　またあの女か　ほんとにしつこいんだから　もう一回やろう　Yeah One More Time！　♪Don't Cry Me Anymore！」

（註：「♪Don't〜」と聴こえる部分は、アルバム歌詞カードでは「No Cry！ Me? Anymore」となっている）。

《恋するマンスリー・デイ》B面

【青い空の心（No me? More no!）（作詞・作曲：桑田佳祐　編曲：サザンオールスターズ）】

「三ツ矢サイダー」CMソング。更には、歌詞に「サイダー」が出てくる。「三ツ矢サイダー」CMソングを70年代後半に担当した、大滝詠一や山下達郎からの「ナイアガラ」の流れに、サザンが位置付けられたことになる。「No me? More no！」は「飲み物」か？　後半に出てくる、原由子のホンキートンク風ピアノが聴きもの。

《いなせなロコモーション》B面

【LOVE SICK CHICKEN（作詞：大森隆志&フジミ・ミドリ　作曲：大森隆志　編曲：サザンオールスターズ）】

記念すべき、桑田以外のメンバー（ギターの大森隆志）による、サザン初の作詞・作曲ナンバー。ボーカルも大森。この「裏ファイブ・ロック・ショー」の中でも、最も印象が薄い曲。いかにも、アメリカンロック好きのギタリストが作った曲。スライドギターは桑田によるものか？

《ジャズマン（JAZZ MAN）》B面
【ひょうたんからこま（作詞・作曲：関口和之　編曲：サザンオールスターズ　弦・管編曲：八木正生）】

続いて、ベースの関口和之によるオリジナル。《LOVE SICK CHICKEN》よりはまとまっており、音楽家としての質の違いを感じさせる。アルバム『ステレオ太陽族』収録、関口オリジナル《ムクが泣く》の前触れ的作品。「♪せめてCまでの関係」というフレーズが時代を感じさせる。

《わすれじのレイド・バック》B面
【FIVE ROCK SHOW（作詞・作曲：桑田佳祐　編曲：サザンオールスターズ）】

最後は「ファイブ・ロック・ショー」のタイトルチューン。楽曲としてはまったく謎で、別々に作られた数曲を無理やりにミックスしたもの。「初期サザンの極北の中の極北」。桑田に加え、関口、そして、野沢秀行、松田弘が、それぞれのパートを歌っている模様。冒頭の桑田のパートは、のちに、中村雅俊[*3]に提供され、《マーマレードの朝》という楽曲に生まれ変わる。なお、《わすれじのレイド・バック》のセッションに原由子は、卵巣のう腫の治療入院で不在。シングルのクレジットでは「原由子――Mind・・」となっている。

永井博のジャケット

ここで「ファイブ・ロック・ショー」のシングルジャケットをまじまじと眺めてみる。するると、初めの2枚＝《涙のアベニュー》《恋するマンスリー・デイ》と、残りの3枚＝《いなせなロコモーション》《ジャズマン》《わすれじのレイド・バック》で、テイストがまったく異なっていることに気が付く。

もう少し突っ込んだ言い方をすれば、ダッサダサのジャケットから、なんだかおしゃれなジャケットに180度転換しているのだ。《涙のアベニュー》《恋するマンスリー・

デイ》（6人の小芝居！）の、単なるスナップのような写真と、夏のイメージで統一された、コンセプチュアルなイラストとの大きな段差。

後者の3作品のイラストを手掛けているのは、永井博という人。この名前を聞いてピンと来る人は、ちょっとした音楽通だろう。翌1981年に発売された、あの大滝詠一のアルバム＝『A LONG VACATION』のジャケットを手掛けた人である。厳密に言えば、79年に発売された、永井による『A LONG VACATION』という絵本がまずあって、それにインスパイアされたかたちで、音楽の制作が始まったらしいが。

『A LONG VACATION』。日本にポップスというジャンルを確立した、歴史的傑作にして、超大ヒットアルバム。その大ヒットには、「ナイアガラ・サウンド」と言われる、大滝詠一一流の緻密な音作りだけでなく、夏を強烈にイメージさせる、あのプールサイドのイラストもかなり貢献しているだろう。

サザンと大滝詠一という、関係が薄そうなこの2組のあいだに、「永井博のレコードジャケット」という意外な共通点から、補助線が引かれる。そして、この両者は、83年、西武球場で行われる「オールナイトニッポン・スーパー・フェス」で共演する。

なお、同時期における、同じような夏イメージのレコードジャケットとしては、山下達郎のアルバム『FOR YOU』（82年）がある。こちらのイラストレーターは鈴木英人。FMラジオ情報誌『FMステーション』の表紙でも有名な人だ。鈴木と永井博。この2人によるジャケットには、80年代初頭の、あのキラキラした夏の空気感が冷凍保存されている。

大滝詠一『A LONG VACATION』（1981年3月）

さて、ここで重要なことは、永井博によるジャケットは、「サザンと言えば夏」というイメージを具体的に示した、サザン側からの、ほぼ最初期の取り組みであることだ。「サザン＝夏」という、今やコンセンサスとなっているイメージの形成が、満を持して意識的に進められ

《シャ・ラ・ラ》（1980年11月）

たのではなく、「ファイブ・ロック・ショー」というプロジェクトの途中から、（おそらく）場当たり的に始められたということは、ある意味とても、学生バンドの延長でブレイクしたサザンらしいと言えよう。

繰り返すが、アルバム、シングルともに、サザンのジャケットには見るべきところが少ない。80年3月発売のアルバム『タイニイ・バブルス』の猫も、『A LONG VACATION』の足元にも及ばないだろう。ただし、永井博の手による、《いなせなロコモーション》《ジャズマン》《わすれじのレイド・バック》のジャケットは、とてもいい。

ジャケットに力を入れたこれらのシングルが、大して売れなかったことによって、ジャケットへのこだわりが失せたのだろうか、《シャ・ラ・ラ》以降のシングルのジャケットは、また適当なものになっていく（「SOUTHERN ALL STARS.」という、最後にピリオドを付けた独特のロゴは、82年の《匂艶《にじいろ》 THE NIGHT CLUB》まで継続使用されるが）。そのあたりもまた、サザンらしい。

失われた「ロック初期衝動」

1980年3月21日に発売されたサードアルバム『タイニイ・バブルス』の方向性、意気込みについては、24歳になったばかりの桑田佳祐の、この発言に集約される。

「サザンオールスターズ待望の（だと思いたい）サードLPが、まんまと仕上がりました。（中略）今回のようにたっぷりと時間をかけ構想を練り、その結果バリエーションという意味で、割と幅を拡げてみたいということで、（中略）今まであぁしたいこうしたいと思い続けて来た中で、自由な曲作りも含めて、ノビノビとしたアレンジ（思いきり度胸のいい調子でもって）をも念頭におきまして、スタートしたのが今年の一月十日のことでした」（『ただの歌詩じゃねえか、こんなもん』）

テレビの呪縛から解放されて、じっくりとレコーディングに専念したという喜びと手応えに溢れた発言である。

レコーディングにかかった日数を、歌詞カードに書かれた期間から調べてみると、デビュー前からとりかかった『熱い胸さわぎ』が71日、『10ナンバーズ・からっと』が50日、そして『タイニイ・バブルス』が、80年の1月10日から3月2日までの53日なので、前作とそれほど変わらない日数なのだが、テレビ出演を控えていることで、前作よりもレコーディングの密度は格段に違ったはずだ。その結果、桑田の先の発言に至る。
ただし、聴き手としては、「自由な」「ノビノビとした」という桑田発言に反して、少し窮屈な印象を受ける音である。ホーンやストリングスを詰め込みまくった、分厚く隙間の無い音。そして、ビートルズから、スウィング・ジャズ、レゲエ、ブルースなどなどの幅広い音楽性（洋楽性、趣味性）への拡大によって、ベタに言えば、これまでの2枚よりも「ロックっぽさ」が失われた感じがするのだ。

これまでの、バタバタとしたレコーディングの反動で、「もっとホーンやストリングスを入れよう」「もっと色んな音を重ねよう」となったのではないか。「ここはビートルズっぽく」「ここはグレン・ミラーで」「ボブ・マーリーみたいに」「クラプトンのあの曲みたいに」のような会話が、何度も交わされたのではないか。

そういう空気感は、例えば桑田のこういう洋楽ベースの発言に表れている。

「A①《ふたりだけのパーティー《ママ》》でスライド・ギターを弾いているのは、デュアン・オールマンではありません。実に、このボク佳祐さんなのでして、これからもお見知りおきのほどを」（『ただの歌詩じゃねえか、こんなもん』）

つまり、レコーディング自体は「自由な」「ノビノビとした」かたちで行われたかもしれないが、そこで作られた分厚く隙間の無い音からは、『熱い胸さわぎ』と『10ナンバーズ・からっと』に込められた、「ロック初期衝動」が感じにくいのである（まぁこの初期衝動の鎮静化は、「ロックバンド3年目あるある」とも言える現象だが）。

ただ、そんな感じが「大人っぽい」「本物っぽい」という印象にもつながったのも事実で、当時の私（中学2年生）が通っていた、大阪の街はずれの公立中学では、「B面1曲目の《TO YOU》が渋くてええねん」などと言われながら、ダビングしたカセットテープが交換されていた。そういう需要も引き受けながら、『タイニイ・バブルス』は、サザンのアルバムとして初のオリコン1位に輝いた。

テレビの呪縛から解放されて、自分たちのやりたいようなかたちでレコーディングに取り組んだ結果、確かに、思うような音作りは出来たのだが、聴き手の側からすれば、大人っぽく、きれいに、小さくまとまった作品に聴こえた。というのが、嘘偽りない、同時代人としての『タイニイ・バブルス』の印象で、売上激減の「ファイブ・ロック・ショー」とともに、イエロー・マジック・オーケストラ（YMO）や松田聖子が賑やかしい時代の最前線からサザンが一歩だけ引いた感じがした。それが80年春の音楽シーンの風景である。

時代とのズレ

ではここで、1980年の音楽シーンを、もう少し細かく見てみたいと思う。まずは、同年の年間アルバムランキング。

1位：松山千春[*4]『起承転結』
2位：イエロー・マジック・オーケストラ『ソリッド・ステイト・サバイヴァー』
3位：アバ『グレイテスト・ヒッツVol.2』
4位：久保田早紀[*5]『夢がたり』
5位：中島みゆき[*6]『おかえりなさい』
6位：長渕剛[*7]『逆流』
7位：松山千春『浪漫』
8位：松田聖子『SQUALL』
9位：イエロー・マジック・オーケストラ『増殖』
10位：イエロー・マジック・オーケストラ『パブリック・プレッシャー』

11位：谷村新司*8『昴』
12位：竹内まりや*9『LOVE SONGS』
13位：サザンオールスターズ『タイニイ・バブルス』

一言で言えば「混沌」である。その入り乱れている感じを分解してみると、松山千春、中島みゆき、長渕剛、谷村新司ら、70年代後半の流れを汲んだフォーク勢に対し、３枚もチャートインさせたイエロー・マジック・オーケストラ（ＹＭＯ）、そして松田聖子（竹内まりや、久保田早紀）という「ザ・80年代」勢の対立構造になる。

重要なのは、サザンがそのどっちにもカテゴライズしにくいことである。当然、フォーク勢に区分される音楽性ではないものの、78～79年において下手に売れすぎたために、ＹＭＯや松田聖子のような鮮度もない。ＹＭＯのもみあげを剃り落とした「テクノカット」に対して、サザンの髪型は、70年代を引きずった、中途半端な長髪なのだから。

では次に、毎年１枚ずつ出したサザンのオリジナルアルバムの、各年間ランキングの中の順位を確かめてみる。

79年：『10ナンバーズ・からっと』　3位
80年：『タイニイ・バブルス』　13位
81年：『ステレオ太陽族』　13位
82年：『NUDE MAN』　3位
83年：『綺麗』　5位
84年：『人気者で行こう』　3位
85年：『KAMAKURA』　4位
※78年の『熱い胸さわぎ』は年間50位圏外

明白である。80〜81年のサザンは、少し落ち込んでいるのである。いや、落ち込んでいるとはいえ、年間13位は立派な売上だと思うが、少なくとも、初期サザンにおいて、他のアルバムに比べて、少しばかり時代とズレていたわけである。

79年から80年に移る際のカルチャーの潮目の変化は、ざっくりと言えば「軽薄短小」ということになる。長髪から短髪／テクノカットへの変化は、非常に象徴的だろう。そして、音楽でも、シンプルで機械的な、テクノポップ、パンク、ニューウェーブへの変化となる。対して、サザンがこの頃ハマっていたスウィング・ジャズ、レゲエ、ブルースなどの幅広い洋楽を再現するという志向性は、ＹＭＯの無機的な音や、松田聖子のミニスカートの前では、相対的に野暮ったいものとして映ったのだ。

ジョン・レノンが射殺された80年の暮れ、サザンは、悶々とした日々を過ごしていたはずである。

【比較分析1】サザンオールスターズとはっぴいえんど

「比較分析」と称して、本編の合間に、サザンと他のバンドを比較評論する文章を書いてみたい。まずは、すでにここまで何回か出てきた伝説のロックバンド＝はっぴいえんど。繰り返せば、細野晴臣、大滝詠一、鈴木茂、松本隆をメンバーとして、日本語ロックの創始者として扱われるバンドである。代表作として、71年発売の『風街ろまん』。

先に告白すれば、私ははっぴいえんどが大好きである。サザンのどのアルバムよりも『風街ろまん』を多く聴いた。一種のはっぴいえんどマニアかもしれない。

しかし、音楽ジャーナリズム（というものがあるとすれば）において、はっぴいえんどが、あまりにも「奉られすぎている」のではないかと思う。逆に言うと、その対比として、サザンが低く見積もられすぎていると。

例えば、手元にある『レコード・コレクターズ』の2010年8月号の特集=「日本のロック/フォーク・アルバム・ベスト100」(60〜70年代編)。

1位:はっぴいえんど『風街ろまん』
2位:ジャックス[*10]『ジャックスの世界』
3位:シュガー・ベイブ『SONGS』
4位:細野晴臣『泰安洋行』
5位:サディスティック・ミカ・バンド『黒船』

*

48位:サザンオールスターズ『熱い胸さわぎ』

さすがに、これは無いだろう。上記の中では、3位の『SONGS』は大瀧詠一プロデュース(裏方仕事の場合は「大瀧」表記)で、4位も細野晴臣だから、つまり、はっぴいえんど人脈で、上位5位のうち3つを占めているのである。そして逆に、ここまで、その衝撃度をつぶさに分析した『熱い胸さわぎ』は、まさかの48位。『10ナンバーズ・からっと』に至っては圏外である。

なぜこんな極端な結果になるのか。１つには「日本語ロックの始祖」というレッテルによる効果、ひいては、すべてをはっぴいえんど起点で考える「はっぴいえんど中心史観」の影響だろう。実は、はっぴいえんど以前にも、ザ・テンプターズや、ジャックス、ザ・フォーク・クルセダーズなど、日本語とロックの融合にチャレンジしたと言えるバンドは多い。そのあたりを検証せずに、はっぴいえんどを盲目的に崇拝する音楽ライターが多すぎるのだ。

そして、その日本語ロックを完成させたのは、言うまでもなく、サザンオールスターズである。

では、はっぴいえんどの本来の功績は何なのか。それは、主に大滝によるロック的な日本語発音の推進や、革新的なコード進行の実践、松本の文学的な言葉遣い、細野の高度なベース演奏、徹底されたアートワークなど、いくつもの要素に複雑に分かれる。つまり、はっぴいえんどの凄みは、麻雀でいう「数え満貫」（麻雀用語。１つの役で上がるのではなく、複数の役を積み重ねた結果、高い得点になること）のようなものである。少なくとも「日本語ロックの始祖」という言葉だけで、それを語ろうとするのは不勉強だ。

はっぴいえんどと言えば、どことなく知的で、陰鬱で、そして短命。逆にサザンは、徹底的に明るくて、下品で、そして長生き——だから前者の方が格上で、後者の方が格下——そんな、偏った評価軸が、一部の音楽ジャーナリズムに存在する。未だに。

はっぴいえんどに対しての、サザン（やザ・スパイダースやキャロル）の価値を、客観的に実証したい。この本を書く上での、1つの重要な動機である。

『タイニイ・バブルス』全曲批評

【総評】★★★

レコーディングに時間をかけた分、「ロック衝動」が失われ、小さくまとまってしまった感がある1枚。ただし、桑田佳祐の声はやや改善。またソング・ライティングも充実。洋楽好きの若者6人が、音楽サークル乗りで、楽しみながら作った感じも微笑ましい。

『タイニイ・バブルス』(1980年3月)

【#1：ふたりだけのパーティ～Tiny Bubbles (type-A)（作詞・作曲：桑田佳祐　編曲：サザンオールスターズ　弦・管編曲：新田一郎）】★★★★

桑田が弾くスライドギターから始まるご機嫌なナンバーだが、とっ散らかった印象も受ける。見せ場は、「♪あうーーーときはふたりでーーー」の「うーーー」と「でーーー」

の高音。音程がちょっとフラつくのが微笑ましい。《Tiny Bubbles》は、前作の《アブダ・カ・ダブラ》同様、アルバム全体に統一感を持たせる役割だろうが、不要だろう。

【＃2：タバコ・ロードにセクシーばあちゃん（作詞・作曲：桑田佳祐　編曲：サザンオールスターズ　弦・管編曲：新田一郎）】★★★★

イギリスのロックバンド、ナッシュヴィル・ティーンズの64年のヒット曲《タバコ・ロード》を引用するなど、洋楽趣味を前面に押し出した出来。＃2ということで、前作の《奥歯を食いしばれ》と対をなすが、キャッチーなタイトルで、こちらの方が一枚上《うわ》手《て》だ。突然終わるエンディングがいい。

【＃3：Hey! Ryudo!（ヘイ！リュード！）（作詞・作曲：桑田佳祐　編曲：サザンオールスターズ　弦・管編曲：八木正生）】★★★

既にご紹介した、シングル《涙のアベニュー》のB面とは別テイク。タイトルはもちろんビートルズ《ヘイ・ジュード》からの引用。「Ryudo」とは宇崎竜童のことで、のちの《MICO》や《吉田拓郎の唄》に続く、桑田お得意の「先輩ミュージシャンへのおせっかいシリーズ」。

【#４：私はピアノ（作詞・作曲：桑田佳祐　編曲：サザンオールスターズ　弦・管編曲：八木正生）】★★★★

村上龍は、桑田佳祐『ただの歌詩じゃねえか、こんなもん』に寄せた以下の文章で、この曲の間奏にある台詞を絶賛。以下引用。

桑田の歌詞はデリケートだ。デタラメな日本語というバカが大勢いるが、桑田ほどデリケートな歌詞を書ける人はいない。そう、革命的にデリケートなのだ。

おいらを嫌いになったんとちゃう？
ううん、そんなことないわいな
あっそう、この先どないせというのジャジ
ううん、そんなこと知るかいな

これはもう織田作之助の『夫婦善哉《めおとぜんざい》』の世界である。深みにはまった男の女の心情をこれほど的確に表わした歌詞はどこにもない。

【♯5：涙のアベニュー（作詞・作曲：桑田佳祐　編曲：サザンオールスターズ　弦・管編曲：八木正生）】★★★

「ファイブ・ロック・ショー」第1弾。この、桑田のブルース趣味溢れる曲が8・7万枚しか売れなかったことが、80年のサザンを迷走させる。この年発売のシングル《シャ・ラ・ラ》や、のちの《思い出のスター・ダスト》に続く「横浜シリーズ」。個人的には、この曲ではなく、次の《TO YOU》をシングルにすれば良かったのにと思う。

【♯6：TO YOU（作詞・作曲：桑田佳祐　編曲：サザンオールスターズ　弦・管編曲：八木正生）】★★★★

《瞳の中にレインボウ》に続いて、ディミニッシュ（「♪俺がいなけ《りゃ沈み込む》ような」のところのコード）やメジャーセブンス（同「♪ひと《りきりじゃちょいと》」）を用い、大人っぽい感じを醸し出す。最後の「♪恋は異なものすべからく To You」は、代表する必殺フレーズ。

《思い過ごしも恋のうち》の「♪しゃぶりつくよにPatiently」と並んで、初期サザンを

【#7：恋するマンスリー・デイ（作詞・作曲：桑田佳祐　編曲：サザンオールスターズ）】★

レゲエを用いた意欲作だが、個人的には当時、周囲が騒いだほどには面白いと思わなかった。「マンスリー・デイ」＝つまり生理（月経）のことを歌ったもの。この翌年、生理用品アンネナプキンのCMで桑田が「偉大なる女性に感謝」と語る。この曲について、当の「ユウコさん」（原由子）は「思いやりみたいなものも感じました」と言う。そうかなぁ？

【#8：松田の子守唄（作詞・作曲：桑田佳祐　編曲：サザンオールスターズ　弦・管編曲：新田一郎）】★★★★

ファンに長く愛されている名曲。原由子の《私はピアノ》に続いて、桑田以外（松田弘）がメインボーカルを取るあたりに感じられる音楽サークル乗り感覚。澄んだ高音ボーカルを聴かせる松田という人が、ドラムスだけでなく、多彩な音楽能力を秘めた人で

あることを示す。

【♯9：C調言葉に御用心（作詞・作曲：桑田佳祐　編曲：サザンオールスターズ　弦・管編曲：新田一郎）】★★★★★

前年発売のシングル。同じく前年シングルの《思い過ごしも恋のうち》ほどではないが、《いとしのエリー》よりは上であろう、初期を代表する超・名曲。何といってもサビの歌詞＝「♪たまにゃMaking love　そうでなきゃ Hand job」の凄みはどうだろう。《私はピアノ》と並ぶ、このアルバムの2つのヤマ。

【♯10：Tiny Bubbles（type-B）（作詞・作曲：桑田佳祐　編曲：サザンオールスターズ）】★

「type-A」同様、あってもなくてもいい曲。ちなみに「タイニイ・バブルス」という言葉は、ハワイを代表する歌手、ドン・ホーの同名曲からの引用と思われる。

【♯11：働けロック・バンド（workin' for T.V.）（作詞・作曲：桑田佳祐　編曲：サザンオールスターズ　弦・管編曲：八木正生）】★★★★

テレビに追われ続けた79年という過去との決別宣言。テレビに対するアンチテーゼとして、6人が愛したビートルズのイディオムをそこかしこに持ち込む。イントロの《Let It Be》感や、歌詞の「Hard Day's Night」など。しかし、この曲でテレビに別れを告げたかと思いきや、のちにまた積極的にテレビ出演をするあたりが、サザンらしい。

——註釈

＊1【松田聖子】：80年代前半を席巻した女性アイドル。80年の4月1日というキリのいい日にデビュー。7月1日発売のセカンドシングル《青い珊瑚礁》がヒットし、以降高値安定で、80年代前半を走りきる。なお、松田聖子のボーカルはデビュー直後が圧倒的にいい。高音ながら低く響くパワーボイスは必聴である。

＊2【イエロー・マジック・オーケストラ】：松田聖子とともに80年を席巻したユニット。細野晴臣、高橋ユキヒロ、坂本龍一。通称YMO。コンピューターを駆使した「テクノポップ」で人気沸騰。対するサザンは、コンピューターと距離を置くも、83年のアルバム『綺麗』前後から徐々に導入、85年には《Computer Children》を発表することになる。

＊3【中村雅俊】：俳優、歌手。中村と桑田佳祐のコラボレーションと言えば、何といっても中村

の82年のヒット《恋人も濡れる街角》。当時、桑田の音楽にハマっていた中村による、桑田そっくりの唱法が微笑ましい。

＊4【松山千春】：北海道出身のフォーク歌手。78年《季節の中で》が大ヒット。この80年も《恋》《人生の空から》という2曲がヒット。ＹＭＯと松山が両立するあたりが、80年音楽シーンの複雑さである。余談だが、田中康夫が80年の小説『なんとなく、クリスタル』（河出文庫）の中で、ビリー・ジョエルを「ニューヨークの松山千春」と形容したのが忘れられない。

＊5【久保田早紀】：いわゆる「一発屋」として、79年発表の《異邦人》が80年に大ヒット。拙著『１９７９年の歌謡曲』に書いたのは、《異邦人》のイントロの魅力。ゴダイゴ《ビューティフル・ネーム》と並ぶ、「79年の二大イントロ」。

＊6【中島みゆき】：松任谷由実と並んで、日本の音楽シーンを代表するレジェンド。その人間臭い音楽性において、「女・桑田佳祐」の趣きがある。桑田も中島を好んでいるようで、のちのコンサート企画「ひとり紅白歌合戦」において、第1回に《時代》、第2回に《わかれうた》という中島作品をカバーしている。

＊7【長渕剛】：この80年に《順子》がヒット。当時ノリにノっているフォークシンガー。この時期は、現在の質実剛健な感じとは異なり、やせっぽちで軽薄なキャラの歌手だった。桑田と長渕と言えば、桑田の94年のソロシングル《すべての歌に懺悔しな!!》の歌詞の内容が、長渕（と矢沢永吉）を揶揄《やゆ》していると騒がれた、つまらない騒動があった。「つまらない」と評するのは、桑

田の歌詞の意味を、具体的に解釈しようとすることの意味の無さを感じるからである。

＊8【谷村新司】：ギター2人とドラムスという、変わった編成のユニット「アリス」のメンバーであり、この年、ウイスキーのCMソングに使われたソロシングル《昴》が大ヒットした。81年に活動停止。その後も、ご多分にもれず何度も活動を再開。余談だが、ここで先述、田中康夫『なんとなく、クリスタル』における「松山千春」と「アリス」の註釈を紹介する。

●松山千春：「地方の時代」ブームに便乗したフォーク・シンガー。北海道、北海道といいながら、全国を飛び回って若年寄りきどりに人生哲学を説き、お金持ちになる。父親を自分の会社の役員に迎え、〝核家族時代の親孝行〟を教えてくれた。

●アリス：四畳半ソングが経済成長とともに、六畳プラス三畳キッチン、バス・トイレ付きソングとなりました。彼らはその代表選手。『ANO・ANO』（鈴木註：「現役女子大生の本音」を綴る、雑誌『宝島』連載）でも読みながら聴くと、湿ったムードがますます増大したりなんかして。

＊9【竹内まりや】：78年デビュー。80年には資生堂のCMソング《不思議なピーチパイ》をヒットさせている。のちの82年に山下達郎と結婚。息の長い音楽活動を続けている。桑田のソロアル

バム『Keisuke Kuwata』(88年)の中の《遠い街角(The wanderin' street)》にコーラスで参加。
＊10【ジャックス】:はっぴいえんどを超えて、日本ロック史上最高の伝説バンド。早川義夫を中心として、68年にデビュー、翌年に解散。後期には角田ひろ(つのだ☆ひろ)も参加。書店経営ののち早川は、90年代に音楽活動を再開。その頃のシングル《アメンボの歌》の作詞・作曲は桑田である。

第4章　1981年――サザンオールスターズ、突き詰める。

音楽主義

1981年のサザンのあり方を一言で表すと、「音楽主義」という言葉・考え方になる。補足すれば、「音楽原理主義」「純粋音楽主義」とでも言えばいいか。あえて対義語を探せば「下世話」。要するに、前年の『タイニイ・バブルス』の方向性をさらに突き詰め、テレビの中で下世話な姿をさらすことの対極として、スタジオで「いい音楽」を追求するという姿勢を、極限まで強めた1年だったということだ。

そういうサザンに対して、時代の追い風もあった。先に、80年のサザンについて「時代とのズレ」があったという表現を用いたが、81年になれば、その「音楽主義」を後押しする空気も流れ始め、ズレが多少修正された印象を、当時受けたものだ。

「音楽主義」を後押しする空気として、まずは、大滝詠一『A LONG VACATION』の大ヒット。音の一つひとつを徹底的に作り込んだ「ナイアガラ・サウンド」によって、当時の若者のバイブルとなった1枚である（このアルバムによって、日本に初めて「ポップス」という市場が確立したとみる）。次に、大滝の盟友＝松本隆による都市文学臭の強い歌詞と、寺尾聰[*1]本人による込み入ったメロディ、井上鑑《あきら》[*2]による高度なアレンジの三つ巴で大ヒットし、この年のレコード大賞を獲得した《ルビーの指環》。さらには、この年に盛り上がった、田中康夫の小説『なんとなく、クリスタル』も火付け役となったAOR[*3]（アダルト・オリエンテッド・ロック）のブーム。つまりは、サザンが下世話から脱却し、「おしゃれ」で「大人っぽい」音楽を突き詰めることに、時代が少しだけすり寄ってきた感じがしたのだ。

「音楽主義」の反動か、この年のサザン名義の活動は動きが悪い。出したアルバムは、「音楽主義」を前面に押し出した『ステレオ太陽族』。シングルは《Big Star Blues（ビッグスターの悲劇）》と《栞（しおり）のテーマ》の2枚のみ。そして、売上枚数はそれぞれ、3・3万枚（最低記録更新）と4・0万枚なので、さして売れてはいない。

では何をしていたかというと、大規模ツアー（「そちらにおうかがいしてもよろしいですか?」ツアー。全国42カ所、総動員数10・4万人）に加えて、サザン名義ではない、メンバーのソロ活動である。1つは、原由子のソロ『はらゆうこが語るひととき』。そしてもう1つは、桑田佳祐のソロ活動のスタート=「桑田バンド」。

『はらゆうこが語るひととき』は、傑作にして名盤、そして、サザン関係の作品の中で、もっと評価が高くてもいいと、強く思わせるものの1つだ。桑田佳祐だけでなく、原由子、斎藤誠[*4]、宇崎竜童らが作るバリエーション豊富な楽曲を、このアルバムのために結成された「HARABOSE」が完璧な演奏でサポート、原由子の独特のボーカルも相まって、実に聴きごたえのある1枚になっている。『A LONG VACATION』と並んで、81年を代表する1枚である。

「桑田バンド」とは、後の「KUWATA BAND」とは別物で（だが、コンセプトとしては共通）、要するに桑田佳祐が、洋楽カバーをするためのお遊びバンドである。この年の3月と12月に（12月は「桑田バンド」改め、「嘉門雄三&VICTOR WHEELS」）、ライブハウスにてライブを披露。翌82年にライブアルバム発売。

と、まったく毛色の異なる『はらゆうこが語るひととき』と「桑田バンド」だが、両方に共通するのはやはり、「音楽主義」である。「音楽原理主義」「純粋音楽主義」、平たく言えば、「俺たちが大好きだった洋楽を、臆面もなく徹底的に再現しちゃうよ」主義である。

81年は、初期サザン史の中でも最も地味な年である。雌伏の1年と言っていい。ここでの経験が、翌82年にまた、下世話の方にぐぐっと振れていく要因となるのだが、まずは、その地味な年に作られた「音楽主義的音楽」をじっくりと味わってみよう。まずは、傑作にして名盤=『はらゆうこが語るひととき』から。

『はらゆうこが語るひととき』

先に述べたような名作アルバム。その名作性において、サザンの歴史の中でも無視することが出来ないと考え、ここで取り扱うことにする。

大滝詠一『A LONG VACATION』発売日のちょうど1か月後、１９８１年4月21日に発売。当時、週刊誌『サンデー毎日』が、『A LONG VACATION』とこのアルバムを、81年前半を代表する二大傑作アルバムとして紹介していたと記憶する。この時期、シングルで言えば、松田聖子が音楽的に非常に高度な《チェリーブラッサム》を1月発売、寺尾聰《ルビーの指環》が2月発売。「音楽主義」の季節が確実に来ている。

ただ、同じく「音楽主義」と言えど、サザンのアルバム『タイニイ・バブルス』や後の『ステレオ太陽族』と異なるのは、音が押しつけがましくないことである。桑田独特の、濃厚な作詞・作曲・ボーカルに対して、原由子の作詞・作曲・ボーカルのあっさりとしている感じ。桑田の肉食性に対して、原の草食性。そんな、あっさりとしたセンスが、このアルバムのとっつきやすさ、キュートさにつながっている。

曲でいえば、何といっても8曲目の《Loving You》。CMソングにも使われたので、憶えている人も多いと思う。「押しつけがましくなさ」「とっつきやすさ」「キュートさ」をすべて兼ね備えた素晴らしい作品。桑田の一部作品のように、やれメジャーセブンス、やれディミニッシュと、技巧的なコードをこれでもかと詰め込むのではなく、とてもシンプルなコード進行を基調として、一瞬だけディミニッシュを挟む（「♪ほんの少しは《素直に》なれるかしら」のところ）あたり、とても粋だ。

そして、その次の《幸わせなルースター》。これもキュートな原由子作詞・作曲作品。曲の良さに加えて、後半に入ってくる、はつらつとしたギターソロの素晴らしさ。

しかし、シングルカットはこの2曲ではなく、3曲目の《I LOVE YOU はひとりごと》と5曲目の《うさぎの唄》であり、当時を思い出せば、この2曲が、このアルバムのイメージを形成していたと思う。ここは痛恨と言っていい。というのは、この2曲は、このアルバムの中で、最も退屈な2曲だから。

まず《I LOVE YOU はひとりごと》は、歌詞がわいせつだということで放送禁止になった、いわくつきの曲である。今歌詞を読むと、わいせつさはほとんど感じない。ただし、残念ながら面白みも感じない。キツい言い方になるが、「サザン史」に何度か登場する、必要以上の下世話さで滑ってしまう活動の典型的なものである。また《うさぎの唄》も、宇崎竜童の作曲という事実以外には、何の印象も残さないものである。シングルの売上はそれぞれ5・1万枚、1・8万枚に留まった。シングルが本来果たすべき、アルバム世界への誘引という目的を果たしていないばかりか、売れてもいない。この《Loving You》と《幸わせなルースター》がシングルカットされていたとしたら、このアルバムの名作性をもっと広めることが出来たように思うのだが《Loving You》はシングル《うさぎの唄》のB面）。

演奏は「HARABOSE」。桑田や、松田弘もクレジットされているが、その中核メンバーは、現在でも桑田の右腕として、器用に（という表現がぴったり）サポートするギタリスト＝斎藤誠や、ドラムスの宮田繁男（後にオリジナル・ラヴに参加）など、桑田や原が所属していた青山学院大学の音楽サークル「ベターデイズ」の人脈で構成されている。つまりは当時、まったく無名の若者たちだ。そんなメンバーを中核として、この名盤が作られていることに驚く。

あと、ここは異論もありそうだが、ジャケットがいい。先に述べたように、語るに足りないものが多いサザンのジャケットの中で、この謎のイラスト（原由子の顔をモチーフにした?）は、なかなかのものだ。描いたのはなんと関口和之。

桑田とタモリ

1981年における桑田佳祐の地味な活動の1つに、タモリのアルバム『ラジカル・ヒステリー・ツアー』への曲提供がある。

この年、「タモリ・ブーム」とも言えるほど、タモリの人気は高まっていて、その勢いを借りて、5月に発売されたこのアルバムに、《狂い咲きフライデイ・ナイト》と《スタンダード・ウィスキー・ボンボン》という2曲を提供したのだ。

《狂い咲きフライデイ・ナイト》は《I LOVE YOU はひとりごと》のようなマイナー・スウィング。《スタンダード・ウィスキー・ボンボン》はボサノバ。一言で言えば、2曲とも大して面白くはない曲である。

それ以前に、このアルバム自体がつまらない。「タモリ・ブーム」に乗って、ゲテモノではなく、大人のタレントとしてタモリを売り出したいという意図の下、しっかりと歌を歌わせるという方針自体が間違っていたと思うのだ。タモリと言えば、『ラジカル・ヒステリー・ツアー』の前作で、すぐに発禁になったサードアルバム『タモリ3』（81年）の方が抜群に面白い。その中に収録された《勝手にシンドバッド》のパロディ、《勝手にダイドコロ》は必聴である。

話を戻せば、そんなこともあってか、桑田とタモリは接近する。

この年の4月に始まった、タモリが司会の日本テレビ『今夜は最高！』の第2回に桑田佳祐が出演。その中でのトークコーナーで、タモリは桑田に強い共感を示したという。以下、そのあたりのやりとりを書籍＝タモリ『今夜は最高！』（日本テレビ放送網）から引用する。

まずタモリはサザンの音楽について、「歌詞はわかんない、わかんないからこういうのがいいなあって思ったね」と賛辞。対して桑田は、自らのボーカルが早口と言われることに対して「メロディを生かしたいとか、この響きを聞いてくれと思う時にむりやり日本語に乗せるとそう聞こえてしまう」。それに乗ってタモリが、「歌詞に意味ってないほうがいいってことだね」「メロディ浮かべて、そのとき口から出た、タでもホでもいい、ダバダバウンガッガ、ババババのドッドッでもいいし、つまり、それが歌になってればいい」と返したという。

ちなみに、桑田自身は、自身の作曲法について、『ただの歌詩じゃねえか、こんなもん』でこう語っている。「歌詞は、メロディーが浮かぶと同時に、デタラメ言葉——まァ英語が多いんだけど——で浮かんでくるわけ。日本語の歌詞は絶対に浮かんでこない。浮かんだ言葉とメロディーをゴニョゴニョそのまま唄ってくと、コード進行がピーンとわかる。今度はギターを持って、言葉はデタラメのまま、何度も何度も唄うんだよね。それは、ボク一人でもやるし、バンドと一緒にもやる。そのうちに何となく、そのデタラメ言葉にピッタリとくる日本語が何カ所か出てくるわけ」

桑田はタモリに勇気づけられ、また、タモリも桑田から勇気をもらったのではないだろうか。お互い、70年代後半に彗星のごとく登場し、新しい言語感覚（「桑田語」と

「ハナモゲラ語」）を世間に提示するも、ゲテモノに近い扱われ方をされた。そして、桑田はロックな側面、タモリは知的な側面を受け入れられず、それぞれ、実体よりも低く見積もられ、80年代を迎えた。そんな、非常に似たプロセスを歩んできた2人である。強く響きあったことだろう。

それから30年以上が経ち、戦後70年を超えた日本で起きていることは何か。それは、この2人が天下を治め続けたということである。それは、意味に縛られない自由な言語感覚が、ロックやお笑いのスタンダードになったということでもある。

11年2月に発売された雑誌『BRUTUS』の「緊急特集桑田佳祐」の冒頭にあった、川勝正幸氏による言葉が、現在の桑田とタモリの到達点を、見事に示す。

「桑田佳祐も、タモリもいない日本を、僕らは想像できないし、したくない」

メジャーセブンスとディミニッシュ

1981年7月21日、アルバム『ステレオ太陽族』発売。そのゲスの極みのようなジャケットに反して、内容は、先に述べた通りの「音楽主義」。具体的に言えば、初期サザンのアルバムの中で、もっともＡＯＲ臭が強い作品である。つまりは大人っぽい。

そういうイメージを象徴するのが、３曲目の《素顔で踊らせて》。メジャーセブンスやディミニッシュのコード（和音）を多用して、大人っぽい世界を演出している。

さて、これまで要所要所で、メジャーセブンスとディミニッシュの話を持ち出した。ただ、コードの話は専門的で、楽器経験者以外には伝わりづらかったと思うので、ここで両コードの「構造」を（できるだけ）分かりやすく説明しておきたいと思う。この２つのコードを使うことが、初期サザンの音楽的特徴の１つであり、これらのコードを（ほとんど）使わないフォーク勢（松山千春など）との差別化になっていたからである。

【メジャーとマイナー】

この２つのコードの説明の前に、基礎的和音としてのメジャーとマイナーを説明しておく。「ドミソ」が明るい響きのメジャーコード（図１＝【C】というコード）、「ドミ♭ソ」が暗い響きのマイナーコード（図２＝【Cm】というコード）。根音＝ドから半音を積み重ねる数として「４↓３」がメジャー、「３↓４」がマイナーということになる。

【メジャーセブンス】(maj7, M7)

ＡＯＲやボサノバで多用されるコード。その響きは「大人コード」とも名付けていいもので、日本におけるメジャーセブンスの使い手と言えば、山下達郎にトドメを刺す(《SPARKLE》のイントロなど)。

「ドミソ」(図1＝【C】)に、その上の「シ」を加えた「ドミソシ」がメジャーセブンス(図3＝【Cmaj7】)。鍵盤を鳴らしていただくと、シを加えることで発生する複雑な響きと、よく見てみれば、「ドミソ」というメジャーコード(【C】)と「ミソシ」(【Em】)が入り混じっていることによる、明るさと暗さの中間的な響きが感じられると思う。

《素顔で踊らせて》では、歌い出しの「♪Searchin' for my honey　くち」までが【Dmaj7】(Dメジャーセブンス)、次の「びるを　うば」が【Gmaj7】(Gメジャーセブンス)になる。そのメロウでダルな「大人コード」の響きが分かっていただけるだろうか。

他のサザンの曲でいえば、ボサノバ調の《別れ話は最後に》で、メジャーセブンスが多用されている。デビューアルバムの2曲目から、メジャーセブンスを使うことで桑田は、他のフォーク勢との差別化を図っていたのである。

<図1>【C】(Cメジャー)

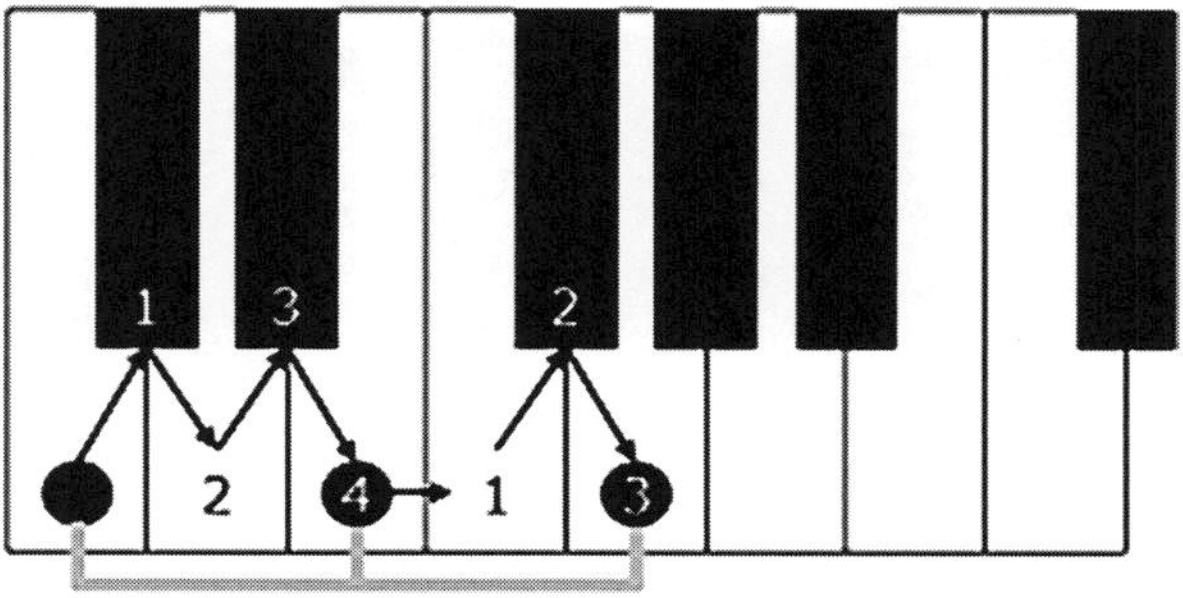

<図2>【Cm】(Cマイナー)

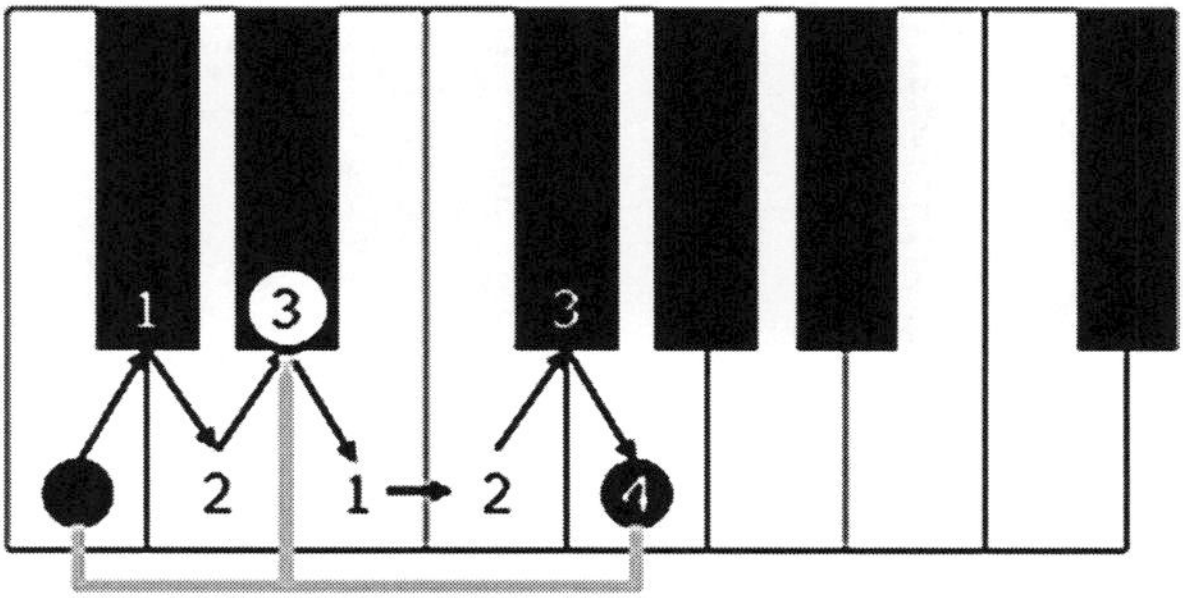

【ディミニッシュ】(dim)

こちらは、メジャーセブンスよりも、より奇妙なコード。そもそもこのコードは、「4↓3」のメジャーでも「3↓4」マイナーでもなく、音を「3↓3」と積み重ねるものである(図4=【Cdim】)。鍵盤を鳴らしていただければ分かるが、正直、濁った響きで気持ち悪い。なので、メジャーセブンスのように、曲中で何度も使うコードではなく、ここ一番というところで挿入するという使われ方がほとんどだ。

《素顔で踊らせて》では、「♪彼女のような(そのような)Lady《oh!》」の「oh!」が【F#dim】となる。

サザンの他の曲では、《TO YOU》の「♪俺がいなけ《りゃ沈み込む》ような」もいいが、先に述べた『はらゆうこが語るひととき』収録《Loving You》のディミニッシュの挟み方(「♪ほんの少しは《素直に》なれるかしら」)が特に素晴らしい。

また私事になるが、私が、大学入学のために、大阪から東京に出てきたのは、86年の4月。まだ東京に慣れず、落ち着かない面持ちで立ち寄った、高田馬場の喫茶店のブラウン管から流れてきたのが、サザンが《素顔で踊らせて》を歌うライブ映像である(82年にVHSで市販された『武道館コンサート』の映像と思しい)。この印象が強烈だった。

<図3>【Cmaj7】（Cメジャーセブンス）

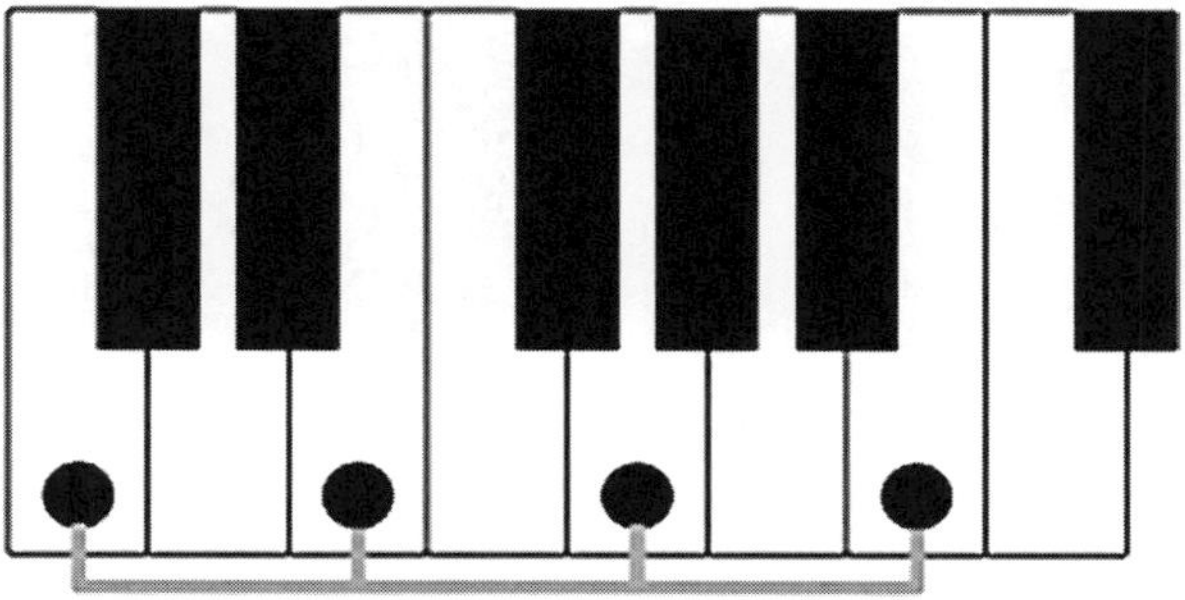

<図4>【Cdim】（Cディミニッシュ）

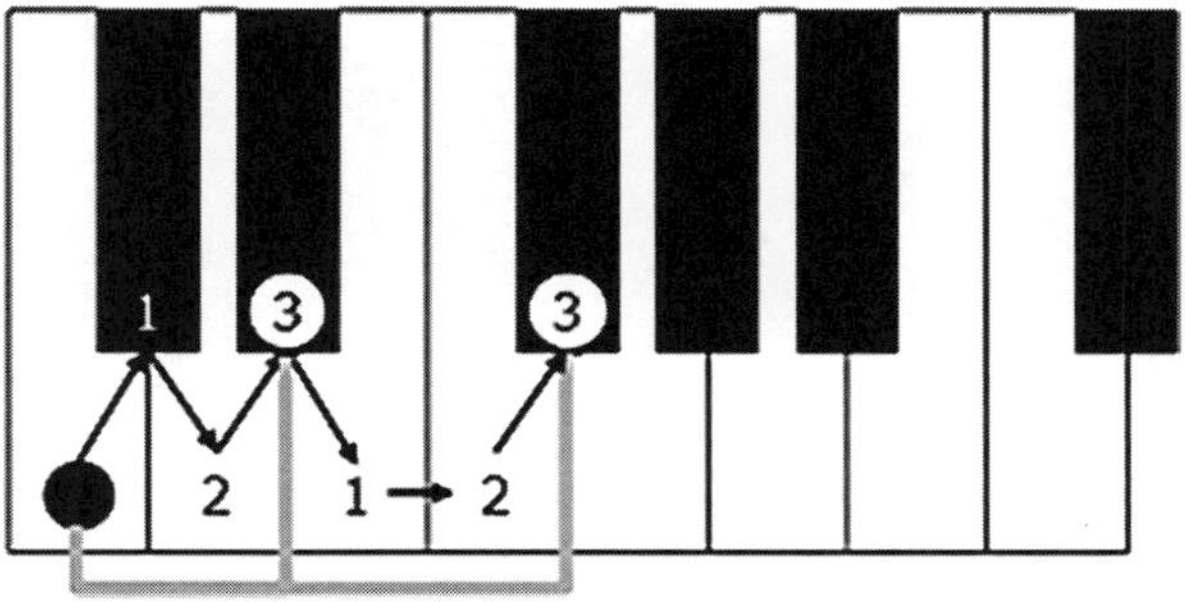

先にこの曲について、「大人っぽい世界」と形容したが、こと私にとってこの曲は、「『東京の大人』っぽい世界」の象徴のような曲だった。そして「『東京の大人』っぽさ」の根源が、メジャーセブンスとディミニッシュというコード。さしずめ、メジャーセブンスは青山三丁目、ディミニッシュは西麻布あたりのイメージだった。

7人目のサザン①——八木正生と新田一郎

「サザン・サウンド」は、非常にリッチなアレンジが特徴である。とにかく楽器数や音数が多い。そのせいか、アルバム1枚を聴き終わった後の「満腹感」は半端ない。人気が長く持続している理由の1つとして、この「満腹感」が挙げられると思う。

そんなリッチな音を支えるべく、6人のメンバーに並走して音作りをする、言わば「7人目のサザン」がいた。そして、その「7人目」は、主に桑田の手の届かない弦・管の編曲やデジタルの活用に向けて起用された。

まずは、『ステレオ太陽族』で、大きくフィーチュアされている八木《やぎ》正生《まさお》。何といっても、宇崎竜童に続いて、桑田佳祐お得意の「先輩ミュージシャンへのおせっかいシリーズ」として、《ラッパとおじさん（Dear M.Y's boogie）》という曲を捧げられているのだから。桑田は八木のことを、よほどリスペクトしていたのだろう。

八木正生。日本のジャズ・ピアニストにして、伝説的なジャズマンの1人。60～70年代は、主に映画音楽畑で活躍。そして、『10ナンバーズ・からっと』の薗田憲一と入れ替わる形で、『タイニイ・バブルス』から参画。『ステレオ太陽族』では、《ラッパとおじさん》に加えて、《Hello My Love》《我らパープー仲間》《Let's Take a Chance》で編曲を担当。そして、この後『KAMAKURA』までサポートすることになる。

そしてもう1人の「7人目」は新田一郎。新田の方がサザンとの関わりは深く、デビューアルバム『熱い胸さわぎ』から、アレンジやトランペット演奏でサポート、『ステレオ太陽族』のみ、なぜかクレジットに入っていないが、次作『NUDE MAN』で復帰。こちらも『KAMAKURA』まで並走。

新田は先に述べた「ホーン・スペクトラム」のメンバー（トランペット担当）で、彼らを中心としたバンド「スペクトラム」[*5]として、サザンと同じ事務所＝アミューズに所属していた。なので、色んな意味で、サザンと近しい関係だったのだろう。

さて、この2人が見開きでインタビューに答えている、83年発行の雑誌『ソングライター・マガジンNo．2』（リットーミュージック）がある。それによれば、2人の「7

人目」に対する、サザン側の使い分けについて、新田一郎は「ジャジィで歌謡曲ぽいものは八木さんで、あと『〜エリー』とか『Ya Ya』なんかのストリングスでキレイにしてくれっていうのは僕に来るのね」と話している。

そして、「7人目」とサザン（桑田）との関係性について、2人の興味深い発言が載っている。

（新田）アレンジやってて一番楽しいのはサザンでやってるような形だね。リズム・セクションってのはそのグループで出来上がってて、それに対してホーンやストリングスを乗っけてくれという自分の解釈で好きなようにどうにでもやってくれっていう。これほど面白いものはない。

（八木）僕が彼らとやるっていう時に、それが桑田クンの下請けっていうか、そういうんじゃつまらないと思うのね。桑田クンができないから人に頼む。まあ、それでも凄いものはできると思うの。でもそれを補うだけじゃ面白くないと思うんで、彼が思ってもみなかった要素、八木さんに頼んだら面白いものができたみたいなものがあった方がアレンジャーとしても存在意義があるような気がするんでね。

つまり、サザン（桑田）は、彼らに上から目線でガチガチの指示を出していたわけではなく、対等な関係での、かなりフリースタイルなコラボレーションが行われていた模様である。彼ら2人が関わった楽曲が持つ独特の迫力は、単に音が厚い（熱い）だけではなく、そのような自由な関係性のたまものなのだ。

この2人の「7人目」が高次元でぶつかり合うのは、7枚目のアルバム『人気者で行こう』のB面。新田が管楽器の編曲を担当する《海》《夕方 Hold On Me》と、八木正生が編曲だけでなく作曲にまで手を出している《Dear John》は、「7人目」同士の頂上決戦だと思う。このB面だけで「満腹」過ぎて、ズボンのベルトがハマらなくなる。

映画『モーニング・ムーンは粗雑に』

1981年の最後のトピックは、サザンが、映画『モーニング・ムーンは粗雑に』（監督：渡辺正憲）の音楽を担当したことである。

この映画、タイトルだけは当時から知っていたが、私自身も観なかったし、周囲でも観たという人が誰もいないという、奇妙な作品だった。なので、これを機にDVDを購入し、通して観てみた。

公開は、『ステレオ太陽族』発売のちょうど1か月前である6月21日。同日に、この映画でも使われる、《Big Star Blues（ビッグスターの悲劇）》（B面は《朝方ムーンライト》）のシングルが発売されている。売上3・3万枚。《わすれじのレイド・バック》を超えて、それまでの最低記録を更新。

この映画、サザンの所属事務所アミューズが企画制作。その後、桑田佳祐監督作品『稲村ジェーン』（90年）など、山のように作られるアミューズの映画事業の第1号作品（アミューズはのちに、渋谷のミニシアター「シネ・アミューズ」の経営まで手を伸ばしたが、現在は閉館）。そして、音楽監督が桑田、音楽に八木正生。

映画音楽作りについて、桑田いわく、「あれ（鈴木註：『モーニング・ムーンは粗雑に』）の映画音楽やってて、画面見ながら曲作ったりとかね、いくらかふだんとは違う刺激もあったし」（『ロックの子』）とのことなので、それなりに触発されたはずだ。

使われている曲は、『ステレオ太陽族』の収録曲の過半数、何と7曲——《Big Star Blues》《恋の女のストーリー（高樹澪が歌うバージョンもあり）》《Let's Take a Chance》《ステレオ太陽族》《栞（しおり）のテーマ（歌詞が異なる別バージョン）》《My Foreplay

Music》《朝方ムーンライト》。ご丁寧にもDVDでは、曲の開始部分でチャプター分けされている。

しかし、肝心の映画自体は、何というか、他愛のないものである。当時、ほとんど黙殺という記憶があるが、その理由も分かる。称賛・批判する対象となるアイデアが弱いのだ。そのあたりが、(「黙殺」ではなく)酷評された『稲村ジェーン』との違いである。内容は、ふとした出会いをするツギ(斎藤淳之介)と、ミオ(高樹澪)の一晩だけの恋物語(このあたりもありがちと言えばありがち)。

主役を演じた斎藤淳之介の、その後の活動は不明。逆に、この映画でデビューした高樹澪は、ここからブレイク。長く芸能活動を続ける。その他の出演者は、渡瀬恒彦、范文雀(《栞(しおり)のテーマ》の元となった「栞」役)、古谷一行、高橋洋子(美しい)、岸田森(強烈な存在感)、新井康弘など。

先の桑田発言の続き。「ところがさ、シングルに関しては、あいかわらず売れなかったわけ、なんでだろと思ってさあ。それでかなり開き直りはじめたんだけどね」。

さすがに、《Big Star Blues》の売上3・3万枚はこたえたようだ。そして、桑田が、サザンが開き直る。初期サザンの中で、もっとも賑やかな1年、82年を迎える。

『ステレオ太陽族』全曲批評

【総評】★★

初期サザンの中で、もっとも落ち着いた、地味な1枚。初期サザンのロック・スピリットに、心身ともにヤラれてしまった身としては、過度な「音楽主義」が鼻につくと言わざるを得ないが、それは、素晴らしすぎる他のアルバムとの相対的評価においてであって、聴くべきか聴かざるべきかと言えば、聴くしかない。

『ステレオ太陽族』(1981年7月)

【#1：Hello My Love（作詞・作曲：桑田佳祐　編曲：サザンオールスターズ　弦・管編曲：八木正生）】★★★

いかにも81年的な、ギターの16ビート・カッティングに始まり、途中から、いかにも八木正生的なデキシーランド・ジャズ風になる、とっちらかった印象の曲。★3つをキープさせるのは、原由子による間奏のピアノの素晴らしさ。次の《My Foreplay Music》と並んで、露骨に性的な内容の歌詞。

【#2：My Foreplay Music（作詞・作曲：桑田佳祐　編曲：サザンオールスターズ）】★★★★

もろビリー・ジョエル・サウンド（《Movin' Out》あたり）。一説には、この曲の仮タイトルは「ビリーはすげぇや」だったという。当時、桑田がDJを担当していたラジオ番組『サタデー・アドベンチャー』（FM東京）で、ハイ・ファイ・セットを相手に桑田がビリー・ジョエルの物まねをしたのを確かに憶えている。81年における「二大和製ビリー・ジョエル」は、桑田と佐野元春。

【#3：素顔で踊らせて（作詞・作曲：桑田佳祐　編曲：サザンオールスターズ）】★★★★

個人的には、メジャーセブンスとディミニッシュによる「大人の東京サウンド」。歌詞にある「2月26日」は桑田の誕生日。桑田本人も出演し、「偉大なる女性に感謝」というコピーで話題を呼んだアンネナプキンのCMソング。こちらのタイトルは、ビリー・ジョエル《素顔のままで》からの影響か。

【#4：夜風のオン・ザ・ビーチ（作詞・作曲：桑田佳祐　編曲：サザンオールスターズ）】★★

「辻堂」「エボシ岩」と湘南ワールド全開の歌詞だが、曲の印象はひどく地味。「♪何もかもがアナタだらけの夏になりそなムード」という歌詞が刹那的でいい。《My Foreplay Music》に続いて出てくる歌詞＝「ベーゼ」とは「キス」の意味の死語。

【#5：恋の女のストーリー（作詞・作曲：桑田佳祐　編曲：サザンオールスターズ）】★★

映画『モーニング・ムーンは粗雑に』挿入歌。ご丁寧にも2回挿入され、最初はスタジオの中で、アマチュアシンガー役のミオ（高樹澪）が歌い、2度目は、アルバム・バージョンが、ツギ（斎藤淳之介）とミオが、成田空港から東京に車で戻るシーンで流れる。79年には「声が出ていないボーカル」という感じだった桑田の声が、復調し始めているのが分かる。

【#6：我らパープー仲間（作詞・作曲：桑田佳祐　編曲：八木正生）】★★★★★

この曲が好きで好きで、大学1年の頃の一時期、ひたすら聴いていた。桑田佳祐というボーカリストが、極めてテクニシャンであることを立証する破格の曲。元ネタは、映画『ブルース・ブラザーズ』で知られたキャブ・キャロウェイ《ミニー・ザ・ムーチャー》。と聞けばパクリかよ、という話になるが、そうではなく、あの映画を観て、あの曲のようなボーカルをやってみようと思ったこと、そして出来たことの2点が奇跡なのである。LPでは、ここまでがA面。

【#7：ラッパとおじさん（Dear M.Y's Boogie）（作詞・作曲：桑田佳祐　編曲：サザンオールスターズ　弦・管編曲：八木正生）】★★

ここからB面。7人目のサザン＝八木正生に捧げた、桑田お得意の「先輩ミュージシャンへのおせっかいシリーズ」。歌詞は全編英語で、八木を「♪he plays just like Quincy Jones!」と称える。続く《Let's Take a Chance》の歌詞も英語比率が高い。

【#8：Let's Take a Chance（作詞・作曲：桑田佳祐　編曲：サザンオールスターズ　弦・管編曲：八木正生）】★

『モーニング・ムーンは粗雑に』では、《恋の女のストーリー》とは逆に、ツギとミオが成田空港に車で向かうときに流れるBGM。やっつけで書いたような英語歌詞に萎える（当たり前だが、桑田歌詞は日本語の方がいい）。歌詞の中で唯一見るべきは、最後に原由子が突き放すように歌う「♪まちがいだらけの妄想タイプ」。

【#9：ステレオ太陽族（作詞・作曲：桑田佳祐　編曲：サザンオールスターズ）】★★

《タイニイ・バブルス》同様、アルバムの中で「刺身のつま」のように添えられるタイトルチューン。『モーニング・ムーンは粗雑に』では、黒人DJのMCの後、ツギやミオがディスコで踊るという、やたらと時代がかったシーンで使われている。フェードイン、フェードアウトのたった約1分半。一拍目に入るハンドクラップが不自然。

【#10：ムクが泣く（作詞・作曲：関口和之　編曲：サザンオールスターズ）】★★★

シングル《ジャズマン》B面＝《ひょうたんからこま》以来の関口作品。小品だが、キラリと光るセンスを感じ、「桑田、松田弘、原由子に続くのは俺だ」という気概も感じる。キーがメジャーとマイナーを行き来する不思議な曲。タイトルの原典はもちろん、ビートルズの《ぼくが泣く（I'll Cry Instead）》。

【♯11：朝方ムーンライト（作詞・作曲：桑田佳祐　編曲：サザンオールスターズ）】★★

『モーニング・ムーンは粗雑に』のエンディング曲。流れるのは、ツギとミオが、今は無き横浜バンド・ホテルで一晩を過ごし、ロビーから出たら「モーニング・ムーン」（朝の空に見える白い月）が見えるというシーン。ここまでのB面の5曲は★3つ以下が続いて、少しばかり退屈。

【♯12：Big Star Blues（ビッグスターの悲劇）（作詞・作曲：桑田佳祐　編曲：サザンオールスターズ）】★★★★

全然売れなかったシングル。ダスティン・ホフマン、エリック・クラプトン、ヨーコ・オノと来て、最後のマーク・チャップマンとは、ジョン・レノン殺害犯の名前。間奏で叫ばれる「テリフィック・セノーさん！」は、ハーモニカ担当の妹尾隆一郎のこと。

最後の方で聴ける「♪oh, man go」にズッこける。『モーニング・ムーンは粗雑に』オープニング曲。

【♯13：栞（しおり）のテーマ（作詞・作曲：桑田佳祐　編曲：サザンオールスターズ）】

★★★★

アルバムの読後感が、この名曲の存在で救われる。《My Foreplay Music》同様、『モーニング・ムーンは粗雑に』というより、後に放映されるTBSドラマ『ふぞろいの林檎たち』の印象がとても強い（特に手塚理美演じる水野陽子のシーン）。9月にシングル発売（B面は《My Foreplay Music》）。売上枚数4・0万枚。ちょっとだけ持ち直す。

――**註釈**

＊1【寺尾聰】：81年の大ヒット曲《ルビーの指環》で日本レコード大賞に輝く。TBS『ザ・ベストテン』では12週連続1位という記録を持つ。俳優のイメージが強いが、もともとは、GS「ザ・サベージ」のベーシストとしてデビューしたミュージシャン。

＊2【井上鑑】：その《ルビーの指環》の編曲家であり、同時期に大滝詠一『A LONG VACATION』にも参加しているので、さしずめ「1981年の音楽主義」におけるキーマン。余談になるが、最近の若者に多い、狭量な「ナイアガラ（大滝詠一）マニア」を諭す、井上のこの発言は良かった。「曲として大滝さんが好きだっていう若い子はけっこういるけど、なんかストイックな方向に入るパターンが多いし、まじめすぎる。本人たちはそんな根暗じゃないですから（笑）」（『レコード・コレクターズ』14年4月号）

＊3【AOR（アダルト・オリエンテッド・ロック）】：当時流行った「大人っぽい洋楽」を表す言葉。より具体的には、ボズ・スキャッグス《ウィ・アー・オール・アローン》（76年）から、クリストファー・クロス《ニューヨーク・シティ・セレナーデ》（81年）に至るライン周辺の楽曲群。ちなみに「AOR」とは和製英語だそうで、アメリカでは「AC」（アダルト・コンテンポラリー）と言うらしい。

＊4【斎藤誠】：青山学院大学の音楽サークル「ベターデイズ」における桑田の後輩で、現在に至るまで、桑田の音楽活動を、完璧にサポートするギタリスト。08年と13年に行われた、桑田のソロイベント『ひとり紅白歌合戦』の大編成バックバンドを見事に統率する姿にシビれた。

＊5【スペクトラム】：先述の「ホーン・スペクトラム」を中核とし、ドラムスや、ベース、ギターなどを加えたホーンロック・バンド。シングル《トマト・イッパツ》《イン・ザ・スペース》など。個人的には、大阪MBSテレビの深夜番組『夜はクネクネ』（83～86年）のテーマ曲『ミーチャン Going to the Hoikuen』の印象が強い。

第5章　1982年──サザンオールスターズ、開き直る。

あの賑やかなサザンが帰ってきた。82年の怒濤の活躍ぶり。

「第2期黄金時代」

・1月21日：シングル《チャコの海岸物語》→2位（56・9万枚）
・2月28日：桑田佳祐、原由子結婚式（東京プリンスホテル鳳凰の間）
・3月21日：アルバム『嘉門雄三＆VICTOR WHEELS LIVE！』
・5月21日：シングル《匂艶 The Night Club》→8位（28・3万枚）
・7月21日：アルバム『NUDE MAN』

・9月1日：桑田提供、中村雅俊《恋人も濡れる街角》↓5位（47・7万枚）
・9月5日：サザンのカバー、研ナオコ《夏をあきらめて》↓5位（37・7万枚）
・10月5日：シングル《Ya Ya（あの時代を忘れない）》↓10位（32・2万枚）
・12月31日：NHK『紅白歌合戦』出場

80年、81年の章で書いた「失われた『ロック初期衝動』」「時代とのズレ」「音楽主義」などは何だったんだ？　と問い返したくなるくらいの派手な活躍である。

関口和之『突然ですがキリギリス』（集英社文庫）によれば、そもそも、82年に向けて、彼らが掲げた目標からして、81年から180度方針転換することを宣言したものだったという。

その1、シングルヒットを狙おう
その2、テレビに出まくろう
その3、茶の間のアイドルになろう

その背景にあったのは、桑田のこんな思いである。

「サザンも、休養後お客さんが入らない時期を体験してきたからさ。凄く寂しくてね。(中略)一時期華やかだったたね、とか言われて(笑)。それじゃ心外だとか思って、開き直っちゃった。それが良かったみたい」(『ブルー・ノート・スケール』)

分かる。分かるし、当時、82年になった瞬間に、堰を切ったように、派手派手しいプロモーション活動を始めたサザンを憶えているので、桑田の感じた悩みの深さや、82年の目標に対する本気度を、リアリティを持って受け止められるのだが、言いたいことは「それにしても極端すぎやしませんか?」ということだ。つい半年前に、《素顔で踊らせて》を歌っていたバンドが、いきなり《チャコの海岸物語》なのだから。

桑田がメンバーに伝えたという、《チャコの海岸物語》のコンセプト。「うんと下世話にさあ、そうそう三流のGSで、楽屋で一生懸命シンナー吸ってるようなさあ、そんなサウンドだよ」。

81年には抑え込んでいた、桑田の「下世話」感覚の噴出。いろいろ言いながらも「下世話」なことが大好きな、桑田の強烈なミーハー感覚。そして、「下世話」なこともやれば出来てしまう=シングルを50万枚売ってしまう、桑田の能力。

新婚ホヤホヤ、26歳の桑田青年が、開き直って、シングルヒットを連発、そして、大みそかのＮＨＫ『紅白歌合戦』で大事件を起こすまでの物語。さぁ、初期サザンの「第2期黄金時代」にして、もっとも賑やかな1年＝82年へようこそ。

チャコのマーケティング物語

その《チャコの海岸物語》の復活大ヒットに関する重要なポイントは、サザンがマーケティングに目覚めたということだ。自らのやりたい音楽ではなく、消費者の求めるニーズに合わせて曲を作る。そういう意味でのマーケティングに成功したことが、その後のサザンに、大きな影響を与えたはずだ。具体的に言えば、「音楽主義」に「マーケティング主義」が加わることで、現在に至るまでの長期安定政権が築かれたと見るのだ。

その《チャコの海岸物語》のマーケティング戦略を、一言で言えば「《勝手にシンドバッド》のセルフ・パロディ戦略」。82年の段階で、サザンのパブリック・イメージ（＝サザンに対する消費者からのニーズ）のコアを成していたであろう「《勝手にシンドバッド》的世界観」を、臆面もなく再現することで、大ヒットを狙うという戦略だ。

まずは「夏」「海」「湘南」などの要素のフル活用。タイトルからして「海岸物語」だし、また、歌詞には「エボシ岩」（茅ヶ崎海岸にある岩）が出てくる。「サザン＝湘南」のイメージは、82年の段階で、既に広く浸透していたものの、実はサザンの楽曲で、湘南を舞台にしたものは驚くほど少ない。そんな中、「エボシ岩」を堂々と歌詞に入れるという決断には、「サザン＝湘南」というイメージをフルに活用して、絶対に売ってやるという覚悟のほどがうかがえる。

次に、邦楽のパロディという点だ。《勝手にシンドバッド》のメロディは、既に述べたように、ザ・ピーナッツの《恋のバカンス》を意識したもので、かつタイトルも、沢田研二《勝手にしやがれ》とピンク・レディー《渚のシンドバッド》を下敷きにした「歌謡曲パロディ」だった。そして《チャコの海岸物語》の曲調も、桑田本人の言葉を借りると「三流のGS」のような曲を狙って作ったもの。

その「GS性」は、具体的には、（1）桑田楽曲としては異様にシンプルなコード進行（そしてエンディングのメジャーコード）や、（2）ザ・テンプターズ《エメラルドの伝説》からの借用のように思われる、冒頭「♪抱きしめたい」の後のリードギター、（3）ザ・タイガース[*1]《僕のマリー》に似たフレーズが出てくるストリングス、（4）そして、ザ・タイガース時代の沢田研二に似せたような舌足らずの歌い方（桑田本人によれば、田原俊彦の歌い方を真似たらしいが）などに表れている。

「とにかく最新の洋楽に近付こう」「複雑なコードやリズムを使うことで、シンプルな作りの邦楽と差別化しよう」という「音楽主義」からの揺り戻しとして、邦楽〜GSのパロディを採用し、そして売れた。そんな、「音楽主義」と「マーケティング主義」の両立。この成功体験が、その後のサザンにとって、いかに大きかったか。

ただし。大ヒットとは言え、《チャコの海岸物語》はオリコンでは2位どまりであった（初期サザンはオリコン1位を獲得できず。初の1位は89年発売《さよならベイビー》）。3月29日付ランキングでは、2位が《チャコの海岸物語》で、数か月後に桑田が《恋人も濡れる街角》を提供する、中村雅俊の《心の色》が1位という皮肉。

逆に、TBS『ザ・ベストテン』では、2週にわたって1位を獲得（4月15日、22日）、その2週目（22日）で2位に迫ったのが、再結成したザ・タイガースの《色つきの女でいてくれよ》。「GSのパロディと本家GSのワンツー・フィニッシュ」という珍現象が発生した。音楽活動で、ほとんど接触がない桑田佳祐と沢田研二だが、この時期は、色んな意味でニアミスをしていたことになる。

最後に余談。桑田佳祐と沢田研二は、私が日本ロック界で最も尊敬する2人なのだが、奇遇なことに、沢田研二の誕生日と《勝手にシンドバッド》の発売日は、同じ6月25日。2018年の6月25日には、沢田研二70歳、《勝手にシンドバッド》40歳という記念すべきアニバーサリーを迎える。この日を機に、「6月25日」を「日本ロック記念日」に制定すればいいと、私は本気で思っている。

「音楽主義」の遺跡

1982年2月28日、ファンを多数招待した桑田佳祐・原由子の、大騒ぎの結婚式の興奮も冷めやらない3月21日に発売されたのが、初期サザンの中で屈指の珍盤と言える、アルバム『嘉門雄三 & VICTOR WHEELS LIVE!』である。「嘉門雄三」とは桑田の変名（のちに桑田から「嘉門」を提供されたのが嘉門達夫）、「VICTOR WHEELS」とは、斎藤誠、宮田繁男などの前述「HARABOSE」のメンバー、のちの「KUWATA BAND」のリーダー＝今野拓郎（現：多久郎）、そして関口和之など。また、クレジットは無いが原由子のボーカルも聴こえてくる。MCは小林克也。

音源は、前年81年の12月に、開店したての渋谷のライブハウス「エッグマン」で行われたライブ。曲目はすべて洋楽で（1曲だけ桑田オリジナル）、要するに、サザンの呪縛を離れ、洋楽への憧憬をストレートに表明した、「音楽主義」の権化のような作品だ。

LPを手に取って目を引くのが、その簡素な体裁。曲名のみを手書きで書いた「歌詞カード」は、いかにもやっつけっぽい（歌詞カードの下に書かれた「＊こんなレコードを貸し借りする奴は許せない」というフレーズに時代を感じる）。《チャコの海岸物語》の大ヒットと結婚のお祝いとして、急いで発売されたものなのか。少なくとも、周到に準備された発売では無かったはずだ。

やっつけ発売のためか、未だにCD化されず。ただし、無理に入手して聴くほどのものではない。今回、持っていたLPを久々に聴いてみて、その思いをさらに強くした。

収録13曲は、洋楽ということ以外に、まったく統一感の無いもので、マニアックな曲から、ボブ・ディラン《Just Like A Woman》、ビートルズ《Anytime At All》まで、見事にバラバラ。単に桑田が歌いたかった曲を集めたのだろう。

その中で目を引くのが、まずA面5曲目の《ハート悲しく（Hearts）》。原曲はマーティ・バリン。この年（81年）の夏のヒットなので、まさに最新ヒット。いわゆるAORの代表的な曲の1つだ。この選曲によって、当時の桑田が、いかにAOR的な音に執着していたか、またその執着が、『ステレオ太陽族』の大人っぽい音作りへの強い動機となったことなどが、よく分かる。

次に目を引くのが、ビリー・ジョエルへの傾倒。13曲のうちA面4曲目の《さよならハリウッド（Say Good-Bye To Hollywood）》と、B面5曲目の《ガラスのニューヨーク（You May Be Right）》の2曲を収録している。もしかしたら、ビリーのあのストレートな発声法が、アルバム『NUDE MAN』における、桑田のボーカリストとしての成長につながったのかもしれない。

などなど、多少の話題には事欠かないが、きつい言い方をすれば、しょせんは趣味のサークル活動という印象。唯一聴きごたえのある曲は、A面2曲目の《Reggae Man》。この曲のみオリジナルで、かつ「♪ヨウコソ　ミナサン　キテクレタネ　キョウハ　サイコージャナイ」と日本語が入ってくるのである。この瞬間、変な言い方だが、妙に「救われた」感じになるのだ。「やはり桑田は日本語だよな」と。

「桑田のボーカルは、英語よりも、（英語も取り入れつつの）日本語の方が良い」――こう聞けば、若い人を中心に、今やほとんどの人が「何を当たり前なこと言っているんだ」と思うだろう。なんせ桑田は、日本語ロックボーカルの確立者なのだから。桑田本人も、今やそう思っているに違いない。しかし、81年12月の段階では、桑田はまだ英語で歌いたかったし、そのアプローチは、86年の「KUWATA BAND」まで続く。そして、私含む当時の若者も、「桑田の英語もいいかも」「もしかしたら桑田は、英語でアメリカ進出するかもしれない」と思っていた。そういう時代だったのだ。

ただその反面、このアルバムが、過剰な「音楽主義」に一段落を付けるきっかけになったことも事実だろう。その反動で振り切ったアルバムが『NUDE MAN』である。

我が青春の『NUDE MAN』

その『NUDE MAN』は、もうジャケットからして振り切れている。収録曲も全体的に、下世話で、ベタで、騒々しい。桑田佳祐のボーカルも、「ロック初期衝動」を取り戻したように叫びまくっている。言わば初期サザンの中で、最も「肉体的」なアルバム、それが『NUDE MAN』である。

「肉体性」を、思春期の男子に置き換えれば「青春性」となる。今でこそ50歳にもなって、初期のアルバムをつとめて分析的に語っているが、当時ティーンだった私は当時のサザンを、単なる音の塊《かたまり》として、シンプルに聴いていた。『NUDE MAN』は、そんな当時の私にとっての「青春の音」である。

発売された1982年7月は、私が高校に入って4か月経ったあたり。「校内暴力」の時代、澱んだ空気の地元の中学から解放され、大阪の街中の府立高校に進学。ちょっとした解放感を感じていた頃である。そんな気分に『NUDE MAN』のサウンドはよく合った。ただし、82年の大阪に住む16歳にとって、サザンは正直、まだ敷居が高かった。クラスで数名の、心斎橋で遊んでいるような、ちょっとイケてる女子が、「桑田ファン」を公言していた程度の広がりだったと記憶する。

それから4年後、86年に上京、20歳になった頃に、サザン、とりわけ『NUDE MAN』が我が「青春の音」になった。全裸男のジャケットのLPを、中古レコード屋で購入。それをTDKかマクセルのカセットテープにダビングして、ソニー「ウォークマン」ではなく、アイワの「カセットボーイ」というポータブルプレイヤーで聴く。都バスに乗りながら、『NUDE MAN』をひたすら聴き続ける。

ヘビーローテーション（という言葉もまだ無かったが）するのは、《PLASTIC SUPER STAR》から始まるB面である。A面の《流れる雲を追いかけて》や《逢いたさ見たさ病める My Mind》あたりがかったるいので、その辺を飛ばして、B面ばかり聴きたかったのだが、早送りをすると電池が消耗するので、我慢してA面も聴くというセコい若者だった。

その頃のフェイバリットは《Oh！クラウディア》。20歳にはこういう音がいい。高田馬場から上野公園に行く都バスで聴いたことを、昨日のことのように思い出す。今でもこの曲を聴くと、当時好きだった女子のことが頭に浮かぶ。さらには、その子と「湖に」「舟を浮かべたい」と思ってしまったことを告白する。ただし「2人とも裸」になるというシーンは、さすがに想像できなかったが。

当時、少しずつ若者向けエンタテインメントになりつつあったカラオケの場で歌うのが、《Just A Little Bit》。あの抑揚のあるメロディのバラードを、英語で歌うことには、独特の快感がある（3番は全編英語）。まだカラオケボックスは無く、学生向けの大箱のカラオケ居酒屋で、この曲を悦に入って歌ったことを憶えている。「♪なれ合いのまま Comb Your Hair」のところで、隣にいた同級生女子の髪にクシを入れる仕草をして、迷惑がられていたバカ大学生。

一人暮らしの部屋、大音量のヘッドフォンで聴くのは《PLASTIC SUPER STAR》。今でも、『NUDE MAN』では、この曲がいちばんだと思っているが、それには、青春を支えてくれた曲としての「えこひいき」も多少働いている。「あの桑田ボーカルが帰ってきた」と感動した曲である（しかし桑田本人は、こういう曲を「やってしまったことが恥ずかしくってしょうがない」と、メタメタに否定）。

――と、我が青春の中における『NUDE MAN』についての、つまらない思い出話をしてしまったが、言いたいことは、こういう聴かれ方・愛され方をするアルバムが『NUDE MAN』であり、私のような有象無象の若者の「青春需要」に的確に応えることで、「第2期黄金時代」が形成されたという事実である。

ソングライター桑田佳祐

ソングライターとして、他の音楽家に提供した桑田佳祐の作品は、予想以上に少ない。『地球音楽ライブラリー サザンオールスターズ』（TOKYO FM出版）のリストによれば、82年までにたった13曲（研ナオコ《夏をあきらめて》のように、サザンで先に発表した曲のカバーは含まず）。それも、タモリ《狂い咲きフライデイ・ナイト》や、ザ・ナンバーワン・バンド《六本木のベンちゃん》のように、一風変わったコミックソング風のものが中心となる。

桑田の作品は、やはり自身のあの声と歌い方で歌われて真価を発揮するということだろう。それにチャレンジしたいと思った他の歌手はかなり少なかったはずだ。必然的に、求められるものは、ちょっと軽めのコミカルな作品に落ち着くこととなる。

対極は松任谷由実（＝呉田軽穂[*2]）。自身の特徴的な声と歌い方とほぼ無関係に、松田聖子を中心に、職業作家として、大ヒットを連発した。このあたりは、松任谷が上、桑田が下というより、音楽家としての方向性の違いだろう。

そんな桑田が、この年、大ヒットを生んだ。中村雅俊《恋人も濡れる街角》である。48万枚、最高位5位の大ヒット。もちろん、桑田提供作品の中での最大のヒットだ。

先に、桑田作品にチャレンジしたいと思った他の歌手は少なかったはずと書いたが、その珍しい1人が中村である。80年の段階で、サザンの珍曲《FIVE ROCK SHOW》を気に入り、その冒頭パートを中心に桑田が曲を再構成、《マーマレードの朝》としてカバー、シングルカットしていた。そもそも「初期サザンの極北の中の極北」の曲＝《FIVE ROCK SHOW》をチェックしていたというのが凄い。

結果、《恋人も濡れる街角》は、軽めのコミカルな作品ではなく、桑田テイストを、臆面もなく、前面に押し出した曲となっている。音は、マーティ・バリンに肩入れしていた当時の桑田のセンスを押し出したAOR風。1か月後の10月に発売される2曲＝稲垣潤一《ドラマティック・レイン》（作詞家：秋元康の出世作）や上田正樹《悲しい色やね》などと並んで、「ＡＯＲ歌謡」の先駆と言えるものだ（この「ＡＯＲ歌謡」が後に「シティ・ポップ」に出世魚すると考えている）。

余談だが、桑田へのリスペクトからか、中村雅俊の歌い方が桑田そっくりになっているところが微笑ましい。佐野元春の歌い方に感化された沢田研二が、一時期佐野元春そっくりの歌い方になったのに近しい。また、歌い出しのメロディ＝「♪不思議な恋は～」が、《夏をあきらめて》のイントロと似ているのも面白い。

そんな、大人っぽく上品な（「音楽主義」的）サウンドに乗る歌詞はエロの極致。タイトルからして「恋人も濡れる」だし、「触るだけで感じちゃう」「指先で俺をいかせてくれ」だから、放送禁止になった原由子《I LOVE YOU はひとりごと》以上のエロさである。

つまり、「音楽主義」と下世話＝当時の曲でいえば、《女流詩人の哀歌》の「音楽主義」性と、《匂艶 THE NIGHT CLUB》の下世話性＝が両立している、つまりサザンの魅力の両方が詰まっている楽曲になっているのだ。軽めのコミカルな作品でお茶を濁そうという感じではなく、まるで自分自身が歌う曲を作るような本気感で立ち向かったのではないか。《チャコの海岸物語》→『NUDE MAN』→《恋人も濡れる街角》、そして10月に《Ya Ya（あの時代を忘れない）》と来るのだから、82年の桑田のクリエイティビティとメジャー志向には恐ろしいものがある。

このような他の音楽家への楽曲提供も含めて、勢いだけで作り上げられた「第1期黄金時代」とは異なり、「第2期黄金時代」のサザンは、世間的により広い支持を得ていった。そして、そんな「第2期黄金時代」の集大成として、ＮＨＫ『紅白歌合戦』における、あの事件が起きるのである。

実録・82年紅白歌合戦

「さて、続いて登場するのは、サザンオールスターズですが、この格好をまずご覧ください。国民的な歌手＝三波春夫さんに負けないように、桑田佳祐さんが精いっぱいのおしゃれです。原由子さんも、この格好を●▽■×◎（鈴木註：聴き取り不能。演奏でかき消されているのか、言葉を噛んでいるのか不明）したいそうです。チャコの海岸物語！」

その前に、この年のヒット曲《ウエディング・ベル》を歌ったシュガーが、移動式ステージで下手（舞台に向かって左側）に引っ込む。代わって上手（右側）から出てくるのがサザン。そのときの、山川静夫アナウンサーによる紹介フレーズがこれだ。

後ろの5人のメンバーは羽織袴を着ている。男性陣は黒だが、原由子は、女子大生の卒業式のような派手な感じになっている。そして桑田は、山川の紹介にあるように、三波春夫のパロディのような和服姿である。

しかし、「三波春夫のパロディ」では、このときの桑田の下世話さ、否、ゲスさが伝わらないだろう。白く光った和服、胸には大きな菊の花。化粧が実に下品で、太く塗られた眉、目の端にはおびただしく盛られたマスカラ。さらに、まぶたの部分が、不気味な水色を施されており、三波春夫というより「志村けんのバカ殿」に近い。

実は、白組でサザンの前に歌ったのが三波春夫であり（曲＝《チャンチキおけさ》）、それを伏線として、三波春夫をパロディとした、この衣装につながっているのだ。

歌に入る。歌い方も三波春夫パロディの感じになっていて、「♪～恋をする物語（ありがとうございます）」「♪～まばゆいばかり（ありがとうございます）」「♪～つれなくて（神様です）」など、三波春夫が使う常套句を、歌詞の間に挟み込む。

いよいよ下品極まるのが、歌の最中に何度も、着物の股の部分を広げて、脚をチラチラ見せるところである。そして、その後大いに波紋を呼んだ間奏に入る。特に波紋を呼んだのが、桑田による語りだ。

「国民の皆様、ありがとうございます。我々放送禁止も数多くございますが、こうやって、いけしゃあしゃあとNHKに出させていただいております。とにかく、受信料は払いましょう！　裏番組はビデオで観ましょう！」

91年、とんねるずが紅白に初出場して、「受信料を払おう」というボディペインティングで話題を呼ぶ9年前のことである。「紅白とNHKを馬鹿にしている」という抗議が寄せられて当然である。

ちなみにこの間奏シーンでは、大森隆志、関口和之、野沢秀行は、桑田を囲む感じでステージ中央に集合。大森と関口は楽器を弾いているために暴れられないが（映像を観る限り、生演奏している模様）、野沢は大はしゃぎで、ステージでわざと転んでいる。

間奏が終わり、「♪エボシ岩が遠くに見える」のところから桑田は、言葉では形容しづらい、人を小馬鹿にしたような歌い方になる。「♪心から好きだヨ　ピーナッツ」のところが、桑田が野沢にヘッドロック。1回目の「♪浜辺の天使を」は、1オクターブ上げて歌う（声が出ていない）、2回目の「♪浜辺の天使を」のところで、野沢がまた転んで、ステージを滑っている。そして、大騒ぎのまま、下手に引っ込んでいく。

後年（89年）、NHK教育のテレビ番組（『ロックミュージシャンとの対話　渋谷陽一＆桑田佳祐』）で、音楽評論家の渋谷陽一[*3]が、このときのサザンについてこうコメントしている。いかにも渋谷らしい暑苦しさながら、とても共感できる内容なので、少し長いが引用してみたい。

「この、紅白での桑田佳祐のアプローチは、その後、色々なところで話題になった。テレビに出演しないことで、消極的に、既存の音楽状況に対する意志表示をするのではなく、テレビに正面からぶつかっていこうとする桑田の姿勢が、ここではよく出ている。このとんでもない姿の桑田には、ロックというより、むしろパンク的というエネルギーがあり、ロックファンの大いなる共感を呼んだのは、当然と言えるだろう。しかし、ここでは同時に、歌謡曲に対する共感も表明されている。『小さなロック村でごちゃごちゃやっていてもしょうがないだろう』という気持ちも、彼には強い。『どこの村にも属さず、俺は徹底的に行くぞ』という、ある意味で、とんでもない桑田独自のラジカリズムが、ここでは爆発しているのだ」

こうやって、初期サザンのもっとも賑やかな1年が暮れていった——。

『NUDE MAN』全曲批評

【総評】★★★

繰り返し書いたように、下世話で、ベタで、騒々しいサザンが戻ってきた作品。そして多くの40〜50代にとって、青春の記念碑のような存在。桑田佳祐のボーカルは再度うなり出し、またホーンやギターも派手派手しい、お祭りのようなアルバム。ただしマスセールスを意識しすぎた反面、情感のようなものに欠ける気もする。

『NUDE MAN』（1982年７月）

【＃１：ＤＪ・コービーの伝説（作詞・作曲：桑田佳祐　編曲：サザンオールスターズ）】

★★★★★

当時の桑田の兄貴分のような存在で、『嘉門雄三＆VICTOR WHEELS LIVE！』のM

Cも務めた小林克也への憧憬をストレートに表明した作品。桑田のボーカルは元気で、また「♪もっと最高」を「Motorcycle」と発音するなど、日本語発音の工夫がなされている。《お願いD.J.》と比較すると隔世の感があるが、その間たったの3年間。

【#2：思い出のスター・ダスト（作詞・作曲：桑田佳祐　編曲：サザンオールスターズ）】★★★★

サザンお得意のロッカバラード。舞台は横浜で、後の《LOVE AFFAIR～秘密のデート》に先駆けた横浜観光紹介的な歌詞になっている。なお「スター・ダスト」とは、映画『モーニング・ムーンは粗雑に』にも出てきた東神奈川の「Bar StarDust」のことと思われる。

【#3：夏をあきらめて（作詞・作曲：桑田佳祐　編曲：サザンオールスターズ　弦・管編曲：八木正生）】★★★★

この年の秋に研ナオコがカバーし、ヒット。舞台は横浜から茅ヶ崎に移る。「Pacific Hotel」とは、加山雄三が共同経営していた「パシフィックパーク茅ヶ崎」のこと（88

年閉業）。例の『紅白歌合戦』で研は、サザンの直後に登場、サザンのバカ騒ぎが無かったように、しずしずとこの曲を歌った。

【＃4：流れる雲を追いかけて（作詞・作曲：桑田佳祐　編曲：サザンオールスターズ　弦・管編曲：八木正生）】★★

個人的には、＃1〜3に比べて、＃4〜6が退屈。中山康樹は「〝美空ひばりとその時代〟に対するトリビュート」と読むが、私は「服部良一トリビュート」[*4]（特に《蘇州夜曲》あたり）と読む。ハルビン、大連と、旧満州の地名が並ぶ。この中国へのアプローチが、次作での《かしの樹の下で》につながっていく。

【＃5：匂艶（にじいろ） THE NIGHT CLUB（作詞・作曲：桑田佳祐　編曲：サザンオールスターズ　弦・管編曲：八木正生）】★★

「音楽主義」の反動として、こういう下半身全開の曲を歌いたかったという気持ちはよく分かるが、それだけの作品。ただし、こういう曲に限って、桑田のボーカルが絶好調なのだから困ってしまう。先行シングルとして5月に発売。この曲には、サザン初となるプロモーションビデオ（PV）がある。

【#6：逢いたさ見たさ病める My Mind（作詞・作曲：桑田佳祐　編曲：サザンオールスターズ）】★

タイトルの斬新な言語感覚のみ。バラバラな要素がつぎはぎされたような印象で、曲としては正直食い足りない。「飲みすぎて君を」「抱きすくめた」セクハラ青年は、31年後、相変わらず「酔ったフリ」して「足に触れ」ていた（13年の《栄光の男》）。

【#7：PLASTIC SUPER STAR（LIVE IN BETTER DAYS）（作詞・作曲：桑田佳祐　編曲：サザンオールスターズ　管編曲：新田一郎）】★★★★

アナログではここからがB面。先述のように、桑田自身は否定的に振り返る曲だが、私自身はこのアルバムの中でベストだと偏愛する（先述「えこひいき」込み）。桑田のボーカルがロックンロールを取り戻している。出身サークル「ベターデイズ」でのライブ。なお、《Ya Ya（あの時代を忘れない）》の歌詞にも「ベターデイズ」が出てくる。

【＃8：Oh！クラウディア（作詞・作曲：桑田佳祐　編曲：サザンオールスターズ　弦・管編曲：新田一郎&国本佳宏）】★★★★★

＃7と並んで、このアルバムを代表する傑作。ファンの間でも根強い人気を誇る。切ないメロディが素晴らしい。ここで「♪Long Hairを風にとかせ」、＃13では「♪なれ合いのままComb Your Hair」となる。梅宮辰夫の奥さんの名前「クラウディア」を目にすれば、サザンファンはこの曲を想起する。

【＃9：女流詩人の哀歌（作詞・作曲：桑田佳祐　編曲：サザンオールスターズ　管編曲：新田一郎）】★★★

「音楽主義」的テイストが復活するが、『ステレオ太陽族』楽曲に比べて、商品性が高く、偏屈な感じがしない。新田一郎によるホーンアレンジが曲の顔となっている。「♪思いやりのOne Day」というシメが良い。これ、意味はちっとも分からないけれど、いい、分かる。

【＃10：NUDE MAN（作詞・作曲：桑田佳祐　編曲：サザンオールスターズ）】★★★★

公式サイトにも『ただの歌詩じゃねえか、こんなもん』にも歌詞は載っていない。ただし当時、ロッキード事件を揶揄《やゆ》したものと言われ、冒頭の歌詞も確かに「♪でっかいグレイのエアプレイン　世話すれば金もらう　偉い方々みんな　癒着ってもハラハラ（?-）」と、ロッキード事件を示すように聴こえる。たった1分11秒。

【#11：猫（作詞・作曲：大森隆志　編曲：サザンオールスターズ）】★

このように、アルバムに他のメンバーの手による作品を入れるのは、一見ビートルズ的だが、皮肉な言い方をすれば、学生サークル乗りという感じもする。さらに大げさに言えば、サザンの戦後民主主義性とも言うべきか。と、そういう雑談で片づけるべき曲ということで。

【#12：来いなジャマイカ（作詞・作曲：桑田佳祐　編曲：サザンオールスターズ）】★★★

《レゲエに首ったけ》から4年、遊び心は忘れず、それでもサウンドは確実に洗練されている。こういうのを聴いていると、『嘉門雄三＆VICTOR WHEELS LIVE!』の《Reggae Man》もスタジオ録音で聴いてみたくなる。「♪冗談半分の Co-direction」の

「Co」の前に、「Man」という音が入っている気がするのは私だけか。

【#13：Just A Little Bit（作詞・作曲：桑田佳祐　編曲：サザンオールスターズ　弦・管編曲：八木正生）】★★★

《いとしのエリー》《働けロック・バンド》《栞（しおり）のテーマ》に続き、「アルバムの最後を飾るバラード」シリーズ。起伏の多いメロディは「Jポップ」の萌芽という感じがする（ミスチルにカバーしてほしい）。初めは全編英語だったらしいが、日本語が入って本当に良かったと思う。

——**註釈**

***1【ザ・タイガース】**：GS界を代表するバンド。沢田研二、岸部修三（現俳優の岸部一徳）、加橋かつみ、森本太郎、瞳みのる、岸部シロー。アマチュア時代は「ファニーズ」という名前だったが、作曲家のすぎやまこういちに、関西出身だという理由で「タイガース」に改名させられたという。迷惑なことだ。「ファニーズ」の方が全然良かった。

＊2【呉田軽穂】：松任谷由実の職業作家としてのペンネーム。松田聖子の作曲者クレジットとして有名。拙著『1984年の歌謡曲』（イースト新書）では、同年発売楽曲についての独断ランキングで、呉田軽穂作曲の薬師丸ひろ子『Woman〝Wの悲劇〟より』を1位とした。80年代中盤を代表する作曲家が呉田軽穂である。

＊3【渋谷陽一】：音楽評論家。株式会社ロッキング・オン社長。私の青春時代は、サザンを聴き、渋谷陽一の評論をむさぼり読む時代であった。「我々がコミュニケートしなければならないのは、きっとどこかに居るだろう自分のことをわかってくれる素敵な貴方ではなく、目の前に居るひとつも話の通じない最悪のその人なのである」（渋谷陽一『音楽が終った後に』ロッキング・オンより）は、私の座右の銘。

＊4【服部良一】：《東京ブギウギ》《銀座カンカン娘》《買物ブギー》など、戦後すぐに、洋楽テイストのヒットを連発した作曲家。日本作曲史上のレジェンド的存在。「洋楽の日本土着化」という点において、桑田佳祐の大先輩と言える。

第６章　１９８３年――サザンオールスターズ、一皮むける。

別格的な存在へ

初期サザンを前編・後編に分けるとすれば――つまり「初期サザンオールスターズのフォッサマグナ」はどこかと言えば、１９８２年と１９８３年の間ではないかと思う（より細かく区切れば、音だけでなく、おっぱい丸出しジャケットも騒々しい《ボディ・スペシャルⅡ》発売後の83年春あたり）。

それまでのサザンは、これまでに見たように、あっちに行ったり・こっちに行ったり、波乱万丈、何とも賑やかだったのだが、83年以降、ある落ち着きを見せる。

その落ち着いたイメージのありようを、より具体的に言い換えると、「別格感」ということになる。「音楽主義」と「下世話」を両方通り抜けた末に獲得した「別格感」。周囲の音楽家とは異なる、一段上のステージにたどり着いた「別格感」。その「別格感」は、サザン／桑田佳祐が、現在に至るまで保持しているものだ。

そういうイメージ作りに大きく貢献したのが、この年の7月に発売されるアルバム『綺麗』である。とてもよく出来た作品で、個人的には、初期サザンの中で、これまでに最もよく聴いたアルバムでもある。聴き飽きない、聴けば聴くほど愛着が増してくる作品だ。桑田自身もこう述べている。

「アルバムは一枚作るごとに、完成した直後には最高だと思ってるけど、時間を置くとアラが見えてきて……。でも『綺麗』は、今（鈴木註：84年）の気持にまだよくフィットしている。完成に近いというか……」（『ただの歌詩じゃねえか、こんなもん』）

その独特の魅力は、どこから発生するのか。1つは、その音楽性である。洗練された音作りは、一見（一聴）、「音楽主義」の権化であったアルバム『ステレオ太陽族』と近いものがある。しかし、「格」のようなものが違うのだ。

現象面を言えば、それまでの桑田が憧れ、模倣し続けてきた、アメリカ臭・ブルース臭が非常に弱い。逆に、当時のブリティッシュ・ニューウェーブ[*1]からの影響が感じられる。カルチャークラブ、ポリス、ウルトラヴォックスなど、ＭＴＶという武器を利用して、アメリカ、そして日本を席巻したイギリスのバンド群の音作りである。

そんな『綺麗』の音は「コンテンポラリー」という言葉で形容できる。つまり「同時代的音楽」＝83年最新の音作りへの挑戦。それは「これからの時代を背負っていくぞ」という意志表明にも聴こえる。逆に「リトル・フィート好きだぜ、オーイエー！」的な、60〜70年代アメリカンロックへの趣味的こだわりは、すっかり鳴りを潜めている。

２つ目として歌詞。前回の『NUDE MAN』は、英語歌詞の比率が非常に高かった。３番がまるごと英語の（それどころか当初は全編英語で作られた）《Just A Little Bit》がその代表だが、対して『綺麗』は、日本語の比率がずいぶんと高い。そしてこれまで、意味から逃げよう逃げようとしていたり、もしくは恋・恋愛・セックスを直接的に表現した歌詞作りだったのに対し、今回は《かしの樹の下で》のように、社会的なテーマ（中国残留孤児）に踏み込んだ歌詞も出てきている（＝《ピースとハイライト》など、後に作詞家・桑田の１つの柱となる社会派メッセージソングの萌芽）。要するに、「読ませる（読むに値する）歌詞」になってきている。

「コンテンポラリー」化、趣味性の高いアメリカ臭・ブルース臭の排除、そして「読ませる歌詞」などが、サザンを一段上の「別格感」に押し上げたのだ。その意味では、『綺麗』こそが、サザンの長期安定政権に向けての、最大の契機だったと言えるのかもしれない。

それでは、フォッサマグナを、向こう側にぴょんと飛び越えて、83年の「別格的サザン」を見ていきたい。

実録『ふぞろいの林檎たち』最終回

1983年のサザンについての大きな話題として、TBSドラマ『ふぞろいの林檎たち』がある。山田太一脚本で話題となったこのドラマでは、主題歌《いとしのエリー》のみならず、BGMも含め、全面的にサザン楽曲が使われたのだ。

『ふぞろいの林檎たち』は、名作として語り継がれている。私自身が観た中でも、『3年B組金八先生（パート2）』（80年）や、同じく山田太一脚本『岸辺のアルバム』（77年）と並ぶ、日本ドラマ史上における最高傑作の1つだと思っている。そして、計4シリーズ作られた『ふぞろいの林檎たち』の中でも、83年のパート1がいちばんいい（残念ながら、だんだんクオリティを落としていく）。このような名作ドラマとのコラボレーションも、先に述べた「別格感」の確立を後押ししていた。

さて、ここでは、そんな『ふぞろいの林檎たち』最終回において、サザンの楽曲がどう使われたかを「実録」してみたい。30年ほど前に再放送を録ったVHSを引っ張り出し、ストーリーと音楽の使い方の関連を確認した。

その前に、設定を説明しておく。「四流大学」である国際工業大学の大学生3人＝仲手川良雄（中井貴一）と岩田健一（時任三郎）、西寺実（柳沢慎吾）と、看護学校に学ぶ水野陽子（手塚理美）と、宮本晴江（石原真理子）ら5人を中心とした青春群像ドラマ。前提として、岩田と水野、仲手川と宮本、そして、西寺と谷本綾子（中島唱子）は、お互いの好意を、うっすらと認め合っている。

——『ふぞろいの林檎たち』最終回「胸をはっていますか？」（83年7月29日放送）

#1：《Ya Ya（あの時代を忘れない）》

最終回は通常の《いとしのエリー》ではなく、この曲がタイトルバックに流れながら始まる。

＃2：《いとしのエリー》

仲手川の実家の酒屋（仲屋酒店）近くにある東京大学の学生運動の集会に、仲手川が岩田、西寺とビールを届け、その東大の学生に小馬鹿にされた後、仲屋酒店に戻り、3人でふてくされてビールを飲む。

＃3：《Ya Ya（あの時代を忘れない）》

そのまま次の日も、岩田と西寺が、仲屋酒店を手伝う。仲手川の母・愛子（佐々木すみ江）を、岩田と西寺が励ます。愛子は、仲手川家の長男・耕一（小林薫）の嫁・幸子（根岸季衣）とうまくいかず（原因は幸子が病弱で子供に恵まれないこと）、幸子は家出をしている。

＃4：《いとしのエリー》

幸子を探しに出て、ビジネスホテルに泊まり、朝を迎えている耕一。周辺のホテルや旅館をしらみつぶしに探している。

#5：《C調言葉に御用心》

親と喧嘩した西寺が、同じく親と言い合いになった岩田に、仲屋酒店にみんなで集まって飲み会（ドラマの中の用語では「コンパ」）をしようと、公園で持ち掛ける。

#6：《栞（しおり）のテーマ》

仲屋酒店の店内で、本田修一（国広富之）が、仲手川に対して、伊吹夏恵（高橋ひとみ、美しい）と別れたことへの後悔を独白。本田は正体不明のエリート。伊吹は、仲手川が、好意を寄せていた元風俗店員。ちなみに《栞（しおり）のテーマ》は、『ふぞろいの林檎たち』シリーズで頻繁に流れた曲。

#7：《Ya Ya（あの時代を忘れない）》

耕一と幸子が東武鉄道曳舟駅で再会。2人でラブホテルに入り、仲手川に電話。19時半ごろに2人で帰ることを、先に母親（愛子）に伝えておけと、仲手川に伝える。

#8：《栞（しおり）のテーマ》

仲手川の差し金によって、仲屋酒店の前で、本田と伊吹が再会する。

#9：《いとしのエリー》

飲み会が始まる。登場人物は、耕一・幸子以外全員（若者8人＋愛子）。ここでの《いとしのエリー》はサザンの音源ではなく、仲手川と宮本の、（カラオケではなく）「歌本」を見ながらのア・カペラ・デュエット。

その後、その場に耕一・幸子が突然帰宅（帰宅する件を、仲手川は愛子に伝えていなかった模様）。幸子に毒づく愛子に、「幸子じゃなきゃダメなんだ！」と、耕一が必死で熱弁をふるう。それに対して、「こういう恋愛したい！」と共感しあう周囲の若者たち8人。この、山田太一脚本史上、否、日本ドラマ史上に残る傑作シーンには、サザンの音楽は流れない。

#10：《いとしのエリー》

ラストシーン。会社説明会。仲手川、岩田、西寺の3人が就活で来ている。会社側の人間（角野卓造）が学生に、東京大学、一橋大学、慶応の経済、早稲田の政経、東工大の学生は、別室に行くよう伝える。その別室にはソファがあるぞとむくれる西寺に（3人がいる部屋はパイプ椅子）、岩田が「胸をはってりゃいいんだよ」と諭す。西寺が「分かってるさ」と胸をはり、パイプ椅子ごと後ろに倒れるところで流れる《いとしのエリー》のイントロ――。

と見ていくと、シーンに合わせて様々な楽曲を選んでいるのではなく、限られた有名曲を、何度も何度も選曲していることが分かる。ただ、その結果として、《Ya Ya（あの時代を忘れない）》や《いとしのエリー》などが、「ふぞろい世代」にとっての「別格感」あるスタンダードになることが出来たとも言える。そして約10年後に、先に挙げた、小沢健二《愛し愛されて生きるのさ》のこのフレーズが生まれるのである。

10年前の僕らは胸をいためて「いとしのエリー」なんて聴いてた
ふぞろいな心はまだいまでも僕らをやるせなく悩ませるのさ

ジョイントコンサート

「別格感」獲得への背景として考えられる、1983年の重要な活動は、サザンが主導した「ジョイントコンサート」の成功である。「ジョイントコンサート」とは、今の「フェス」よりは小規模の、複数のミュージシャンが参加するライブのことで、それらのコンサートにおけるサザンを撮影した写真集＝『たいした夏』（CBSソニー出版）によれば、以下のようなスケジュールで行われた。トータルで9万人以上の動員となる。

【開催日／会場／タイトル／参加ミュージシャン／動員人数】

・7月24日／西武球場／オールナイト・ニッポン・スーパー・フェス'83／ラッツ&スター[*2]、大滝詠一／3万人

・7月29日／名古屋球場／ナゴヤ　サマー・ジャム'83／長渕剛／2万人

・7月30日／大阪南港／'83 JAMJAM スーパーロック・フェス／沢田研二、上田正樹[*3]、ラッツ&スター他／2万人

・8月6日／真駒内屋外競技場／北海道スーパー・ジャム'83／RCサクセション[*4]、小

山卓治他／1万人
・8月7日／福岡小戸公園岬／スーパーライブ'83／サードワールド、サンハウス、子供ばんど他／1万2000人

沢田研二、大滝詠一という、サザン史的に重要な音楽家が集まっている。そう考えれば「初期サザンの初期」の総括という感じもする。また、名曲《ドカドカうるさいR&Rバンド》を発表後すぐの、乗りに乗っているRCサクセションや、のちに桑田佳祐とトラブルを起こす長渕剛とも、お手合わせをしている。

ちなみにそのトラブルとは、94年に発表した桑田の曲《すべての歌に懺悔しな!!》の歌詞が、長渕、もしくは矢沢永吉を馬鹿にしていると捉えられ、当の長渕が激怒したという騒動である（矢沢は反応せず）。その騒動の伏線が、この名古屋のコンサートにおいて、長渕がサザンから前座扱いされたことにあるとも言われている（この騒動、今となっては、どうでもいいエピソードだが、ここで付け加えておきたいのは、その《すべての歌に懺悔しな!!》の桑田のボーカルが、圧倒的に素晴らしいということだ）。

このような大規模かつ変則的なコンサートを、サザンが主導するに至ったのは、前年

（82年）に参加した「南こうせつサマーピクニック」というジョイントコンサートに感化されたからだという。そして、サザン側から、この豪華メンバーに依頼し、このジョイントコンサート・ツアーの開催にこぎつけた。

とりわけ桑田にとって衝撃だったのは、北海道で競演したRCサクセションのパフォーマンスだった。

「〔ようこそ〕でRCのステージが始まった。最初から総立ちだ。（中略）サザンのメンバーはそれぞれにPAミキシング席の周りで見ていた。『誰も気がつかなかっただろうけど、オレ、涙出ちゃった』と桑田は後で打ち上げの席で言った」（『たいした夏』）

初期サザン時代の桑田による、他の日本の音楽家を褒める発言は、若さのせいか、かなり珍しいのだが、このときのRCサクセションについては、インタビューでも、その凄さを素直に認めている。

もしかしたら、『綺麗』『人気者で行こう』『KAMAKURA』と、「コンテンポラリー」色を強めていくのは、「ロックンロールではRCサクセションにかなわない」という意識も作用したのかもしれない。

桑田のコミカル路線

「別格感」を隠れみのにしながら、当時の桑田佳祐は、他のミュージシャンに、コミックソングを多く提供している。

代表的なものは、明石家さんまが歌った《アミダばばあの唄》である。他にも、小林克也率いるナンバーワン・バンドに《六本木のベンちゃん》《茅ヶ崎は今日も黄色い》、そして《プロレスを10倍楽しく見る方法〜今でも豊登を愛しています》(名曲)。また、中村雅俊《恋人も濡れる街角》のB面には《ナカムラ・エレキ音頭》という珍妙な曲を提供していた。

また、コンサートツアーのタイトルも、このあたりからコミカルなものになってきている。

・82年1月9日〜「愛で金魚が救えるか　サザンオールスターズ PAAPOO ツアー'82」
・82年9月21日〜「青年サザンのふらちな社会学（ツアー THE NUDE MAN)」
・83年10月24日〜「SASたいした発表会・私は騙された!!ツアー'83」

さらには翌84年、日本テレビで『サザンの勝手にナイト　あ！う○こついてる』が放送されている。タイトルからして、である。

「ロックミュージシャンは、いつも強面で仏頂面でなければならない」という、当時の音楽業界をなんとなく支配していた、とても貧乏くさい価値観の中で、コミカルな側面を前面に押し出した桑田は、やはり偉大だったと思う。

そして、ラジオ番組『桑田佳祐のやさしい夜遊び』（TOKYO FM）において、未だに下ネタを連発する桑田を聞くにつけ、コミカルなことが心から好きな人だということを、改めて確認するのだが。

それでも最近、例えば16年に発売された、桑田のシングル《ヨシ子さん》を聴いて感じるのは「過度にコミカルな路線は、もう要らないんじゃないか」ということだ。これは、《ヨシ子さん》がそんなに面白くなかったということもあるが、どちらかと言えば、続くシングルにして名曲＝《君への手紙》のような路線に、還暦桑田のエネルギーを集中してほしいと思うからである。

桑田一流のバランス感覚。ラブソングを中心に、シリアス系の曲を左に、そしてコミカル系の曲を右にした「やじろべえ」を想像してほしい。その「やじろべえ」は、この

83年あたりから現在に至るまで、決して左右どちらかに倒れず、絶妙なバランス感覚で安定し続けている。

「一億人を相手にしている」という緊張感、そして、日本最高のマネーメイキング・ミュージシャンとして、幅広い需要を取り込みたいという渇望感、取り込まなければならないという切迫感が、そのバランス感覚の背景にあるものだろう。

でも、バランス感覚など、もう考えなくていいと思うのだ。すでに還暦を越えたのだから、余計な計算などせず、ラブソングやシリアス系に特化していいと思うのだ。

そのとき「やじろべえ」は左側に倒れるだろう。でも、その「やじろべえ」が倒れて寝そべるのは、時代という地面だ。コミカル系の曲を排除することで、桑田はさらに「時代と寝る」ことが出来ると思う。

【比較分析2】サザンオールスターズとキャロル

キャロルほど、その功績が低く見積もられているバンドは無いと思う。おそらく《ファンキー・モンキー・ベイビー》のような、（額面上は）能天気で軽薄な曲の印象が邪魔をしているのであろう（余談ながら、この曲からいただいたであろう、「FUNKY

MONKEY BABYS」というネーミングは、その能天気性に疑いを入れていない感じがして、好きではない)。

功績を一言で言えば、「日本語をロックに乗せる大胆な方法論の提示」。英語を混ぜながら、日本語に歪めて発音する歌い方を、桑田佳祐よりも一足先にやってのけた矢沢永吉とジョニー大倉の功績は破格である。加えて、抜群の演奏能力。解散コンサートを収録したアルバム『燃えつきる～キャロル・ラスト・ライヴ』(75年)の中の《グッド・オールド・ロックン・ロール》は、日本人が演奏したロックンロールとして、最も優秀なものの1つだ(キャロルの場合、ライブ盤の素晴らしい演奏に比べて、スタジオ録音は一段、いや二段ほど落ちる。別のバンドかと思うほど)。

そんなキャロルだが、『レコード・コレクターズ』の2010年8月号の特集=「日本のロック/フォーク・アルバム・ベスト100」(60~70年代編)では、26位にアルバム『ルイジアンナ』、27位にアルバム『ファンキー・モンキー・ベイビー』という結果である。『熱い胸さわぎ』だけが47位に留まったサザンオールスターズほどではないものの、キャロルに見合う十分な評価とも言えないだろう。

そんな評価の背景にあるのもまた「はっぴいえんど中心史観」。さらにその背景にあるのは、「大卒ロック」への偏重、「高卒ロック」への差別だと思う。これは、そのミュージシャンの学歴が、実際に大学卒か高校卒かというより、イメージとしての「大卒」「高卒」の話である。つまり、はっぴいえんど〜イエロー・マジック・オーケストラ（YMO）系列は「大卒」、キャロルやGSは「高卒」という分類。

「大卒ロック」は、ロックなのに知的で裕福そうで、見てくれはぶさいく。「高卒ロック」は、貧しいヤンキーあがりで、チャラチャラしていてモテそうだ。という分類があって、そんな「高卒ロック」に妬みや恐怖感を抱く、顔色の悪い音楽評論家が「大卒ロック」を過度に支持するという構造があったと思う。

ちなみに、君塚太『TOKYO ROCK BEGINNINGS』（河出書房新社）によれば、はっぴいえんどの松本隆は、はっぴいえんどの前に所属していたエイプリル・フールというバンドのデビュー時にコメントを求められ、「知的なロックがやりたい」と言ったという。

さて、この分類でいえば、サザンは中間に入りそうだ。先に述べたように桑田は、学費未払いで青学を除籍になっているのだから、さしずめ「大学除籍ロック」か。それはともかく、キャロルとサザンという破格の功績を残したバンドが、「非・大卒ロック」

というだけで、その功績が客観的に測定されないというのなら、こんなに馬鹿馬鹿しい話はないと思うのだ。

その後の桑田と矢沢永吉。80年代、自らが生み出した「日本語をロックに乗せる大胆な方法論」が、世の中的に浸透していく中、彼らは、さらに英語への接近を深める。桑田は、アルバム『人気者で行こう』で、日本語と英語の壁を限界まで取っ払い、そして86年、「KUWATA BAND」名義で、全編英語のアルバム『NIPPON NO ROCK BAND』を発売。矢沢は、より積極的に英語詞による海外進出を果たし、『YAZAWA』『YAZAWA It's Just Rock'n Roll』『FLASH IN JAPAN』という3枚のアルバムを、海外でリリースする。

それらの方向性が成功したとは、正直言い難い。個人的にも、「あれほど英語的な歌い方を志向していた桑田と矢沢が、実際に全編英語で歌ってしまったら、案外ツマラないなぁ」と思ったものだ。皮肉なことに、桑田と矢沢が英語と戯れている頃、日本のロック界にのして来たのは、日本語の歌詞が、比較的明瞭で聴き取りやすいRCサクセション（忌野清志郎）だった。そして、追い打ちをかけたのが、さらに聴き取りやすいザ・ブルーハーツ（甲本ヒロト）。それに合わせるように、桑田と矢沢も、英語への接近を取りやめ、その頃には十分に浸透していた「日本語をロックに乗せる大胆な方法論」自体を成熟化する方向に立ち戻るのである。

と、こう書くと、桑田と矢沢永吉が、英語歌詞〜海外進出への敗北者というネガティブな印象になるかもしれないが、私が言いたいのは、そういう話ではなく、80年代後半あたりに一般化する「日本語をロックに乗せる方法論」を、すでに70年代において実践していた「早すぎた開拓者」こそが、彼らだということである。そして「非・大卒ロック」というだけで、そんな功績が語られないのは、一種の「学歴差別」ではないかとも思うのだ。

『綺麗』全曲批評

【総評】★★★★

これまでのサザンから、一段格上に昇進した感じがする、とてもウェルメイドなアルバム。その最も大きな要因は、先述したアメリカンロックやブルースといった趣味性の排除。結果として生まれたのは、洗練された「コンテンポラリー」(=「綺麗」)な音。サザンのプライベート・レーベル「TAISHITA」[*5]からの初のアルバムであり、ここまであまり触れなかったギタリスト・大森隆志の活躍が光る1枚でもある。そんな中にも減点対象があるとすれば、アルバムの歌詞カードに入っている6人の写真。寒いを超えて「痛い」。

『綺麗』(1983年7月)

【＃1：マチルダBABY（作詞・作曲：桑田佳祐　編曲：サザンオールスターズ）】★★★★★

先に書いた、82年と83年の間に存在する「フォッサマグナ」を十分に感じさせる1曲。その大きな要因は、イントロから鳴り響くシンセサイザーの音。ここに来てやっと「デジタル・サザン」が誕生する。しかし機械的な印象にはならず、桑田佳祐のボーカルは、『NUDE MAN』よりも一段とパワーアップ。聴きどころ満載。

【＃2：赤い炎の女（作詞・作曲：桑田佳祐　編曲：サザンオールスターズ）】★★★★

中間部のアコースティックギター・ソロは、大森隆志のベストプレイと思う。個人的な話になるが、当時、鮎川誠[*6]ファンだった私は、ギタリストとして大森をあまり評価していなかったのだが、関西で放映されていた朝日放送『ヤングプラザ』というテレビ番組で、大森がこのソロを見事に弾くさまを観て、たいそう驚き、見直した。

【＃3：かしの樹の下で（作詞・作曲：桑田佳祐　編曲：サザンオールスターズ　胡弓編曲：八木正生）】★★★

「今日、新聞を読んだんだ」という歌詞から始まるビートルズ《ア・デイ・イン・ザ・ライフ》に影響を受け、当時新聞を賑わせていた「中国残留孤児」のことを歌ったと桑田は語る。しかし、根本のアイデアが《流れる雲を追いかけて》と同じであり、新鮮さに乏しい。ドラムスの音がいかにも当時の音（＝「シモンズ」）。

【＃4：星降る夜の HARLOT（作詞・作曲：桑田佳祐　編曲：サザンオールスターズ）】

★★★★

ここにも「フォッサマグナ」。《レゲエに首ったけ》《来いなジャマイカ》など過去のレゲエ作品と比べて、確実にスケールアップしているのが分かる。ここでの桑田のボーカルは、初期の桑田のような言葉の歪め方をしているが、初期よりも声がよく出ていて、格段に力強い。そして本当に上手い。

【＃5：ALLSTARS' JUNGO（作詞・作曲：桑田佳祐　編曲：サザンオールスターズ）】

★★★★

87年に発売された「Real Fish featuring 桑田佳祐・いとうせいこう」名義の《ジャン

クビート東京》で桑田はラップを披露しているが、その前に桑田は、既にこの時点において、ラップというスタイルに収まらない、こういう歌い方を完成させていた。次作『人気者で行こう』のイントロのような曲。

【#6：そんなヒロシに騙されて（作詞・作曲：桑田佳祐　編曲：サザンオールスターズ）】★★

と、ここまでハイレベルな楽曲が並べられたのが、ここで息切れ。アルバム『綺麗』の1曲というより、《六本木のベンちゃん》など、桑田が他ミュージシャンに提供したコミックソングのラインに入る曲。こういうコミカル路線に対して桑田が抱える、一種の業《ごう》のようなものを感じる。

【#7：NEVER FALL IN LOVE AGAIN（作詞・作曲：桑田佳祐　編曲：サザンオールスターズ　管編曲：新田一郎）】★★

息切れた後の脱力は続く。バート・バカラックとハル・デイビッドの共作で、ディオンヌ・ワーウィックが歌う《恋よ、さようなら（I'll never fall in love again）》を、直接的にオマージュした曲。むしろ、青学「ベターデイズ」の後輩＝ピチカート・ファイヴ[*7]の小西康陽の方にお似合いの曲。ここまでがA面。

【♯8：YELLOW NEW YORKER（作詞・作曲：桑田佳祐　編曲：サザンオールスターズ）】★★★

アルバム『綺麗』『人気者で行こう』『KAMAKURA』の「初期の後期」の雰囲気を強く規定しているのが、矢口博康の独創的なサックス・プレイである。イントロからサックスが爆発。そしてそれは後に、《メロディ（Melody）》のあのクレイジーなサックスソロに極まる。こういう「黄色人種がんばれ」的な曲を歌いながら、この頃の桑田は、まだ英語詞への未練を引きずっている。

【♯9：MICO（作詞・作曲：桑田佳祐　編曲：サザンオールスターズ）】★★★

《ラッパとおじさん（Dear M.Y's Boogie）》に続く、またまた桑田お得意の「先輩ミュージシャンへのおせっかいシリーズ」。「MICO」とは、60年代に大活躍した女性歌手＝弘田三枝子のこと。代表曲は《人形の家》（69年）となるが、ここでは60年代前半の、主に洋楽ポップスを歌っていた頃の弘田への憧憬を歌っている。

【＃10：サラ・ジェーン（作詞・作曲：桑田佳祐　編曲：サザンオールスターズ　管編曲：新田一郎）】★★★★★

アルバム『綺麗』を代表する名曲。こういう洗練された曲を10曲目（B面3曲目）という位置にそっと置くことが出来るあたりに、バンドとしての成長を感じさせる。桑田のボーカルも素晴らしい。歌詞の内容はビートルズ《シーズ・リーヴィング・ホーム》に似ている。なお、ボブ・ディランにも《Sarah Jane》という曲がある。

【＃11：南たいへいよ音頭（作詞・作曲：関口和之　編曲：サザンオールスターズ）】★★

「アルバムに1曲だけ許される、桑田以外のメンバーの曲」に今回選ばれたのは、関口和之。前作における、大森隆志の《猫》に比べればまだましだが、というレベル。ただ、次の曲も含め、「コンテンポラリー・サザン」の姿を確かめることが出来る。

【＃12：ALLSTARS' JUNGO (Instrumental)（作曲：桑田佳祐　編曲：サザンオールスター

ズ)】★★

アルバムの中で「刺身のつま」のように添えられる曲は、《タイニイ・バブルス》《ステレオ太陽族》など、タイトルチューンだったが、今回はこのインストゥルメンタル。《ステレオ太陽族》よりさらに短く、たった43秒。

【♯13:EMANON(作詞・作曲:桑田佳祐　編曲:サザンオールスターズ　弦・管編曲:八木正生)】★★★★★

こちらもよく出来た名曲。ほとんど器楽曲という感じの超複雑なメロディを、桑田佳祐が完璧に歌いきる。初期サザン全曲の中で、カラオケで歌うのが最も難しい曲ではないか。そして、複雑なメロディの後に来るキャッチーなサビの多幸感はどうだろう。サックスもギターも素晴らしい。ちなみに謎なタイトルの意味は、逆さに読めば分かる。シングルカットされ、オリコン最高位24位。

【♯14:旅姿六人衆(作詞・作曲:桑田佳祐　編曲:サザンオールスターズ)】★★★★★

《いとしのエリー》《働けロック・バンド》《栞(しおり)のテーマ》《Just A Little

Bit》に続く、「アルバムの最後を飾るバラード」シリーズ。こっちは《EMANON》とは逆に、サザンで最もカラオケ映えする曲の1つ。《EMANON》が『綺麗』で「いちばんよく出来た曲」とすれば、こちらは「いちばん愛される曲」。桑田のシャウトも素晴らしいが、何といっても大森隆志の伸びやかなギターソロがいい。

――註釈

＊1【ブリティッシュ・ニューウェーブ】：パンクロック以降のイギリスの先端的音楽を指す言葉。そして、それらのバンドが群として、アメリカでブレイクしていくさまを評したのが「第2次ブリティッシュ・インベイジョン」。「インベイジョン」とは「侵略」という意味。もちろん「第1次」とは、ザ・ビートルズやザ・ローリング・ストーンズらのアメリカ進出のことを指す。

＊2【ラッツ&スター】：ドゥワップ・グループ「シャネルズ」として、80年にデビュー。デビューシングル《ランナウェイ》が大ヒット。そしてこの83年に「ラッツ&スター」に改名。ちなみに、77年に行われ、サザンが入賞したヤマハの音楽コンテスト「イーストウエスト」にはシャネルズも出場。リーダー・鈴木雅之はそのとき「桑田ってやつ、あいつはぜったい年をサバ読んでる」と思ったという。

＊3【上田正樹】：京都市出身のブルースシンガー。この83年に《悲しい色やね》がヒット（発売は前年）。またこの年、桑田佳祐は上田に《Miss You Baby》という曲を提供している（アルバム『Husky』収録）。先の「イーストウエスト」で、ゲストで呼ばれていた上田と桑田が握手したという。

＊4【RCサクセション】：忌野清志郎、仲井戸麗市を中心とする、日本を代表するロックンロールバンド。考えれば考えるほど、この83年におけるサザンとRCの接触は、日本ロック史上、とても大きな意味を持っていると思う。忌野清志郎はその後、桑田がプロデュースしたテレビ番組『メリー・クリスマス・ショー』（86年、87年）に参加。また逆に桑田は、RCのアルバム『COVERS』（88年）に参加（「桑竹居助」名義）。

＊5【TAISHITA】：サザンのプライベート・レーベル。それまでのサザンのレコードは「Invitation」レーベルから発売されていたが、『綺麗』からは「TAISHITA」レーベルになっている。以降、サザンやメンバーのソロは基本「TAISHITA」からの発売。「TAISHITA」のロゴに添えられるのは、鯛（タイ）が舌（シタ）を出しているマーク。「TAISHITA」の命名は原由子。桑田案は「アホナホージョーハン・レーベル」だったが、却下。

＊6【鮎川誠】：《ユー・メイ・ドリーム》（79年）のヒットを持つロックバンド＝シーナ&ロケッツのイケメン・ギタリスト。私の少年時代のギターヒーロー。「ジョイントコンサート」の1つ、8月7日の福岡での「スーパーライブ'83」には、バンド「サンハウス」のメンバーとして参加。

また鮎川は、忌野と同じく『メリー・クリスマス・ショー』に2回とも出演。

＊7【ピチカート・ファイヴ】：青学「ベターデイズ」の後輩＝小西康陽を中心としたユニット。代表曲に《スウィート・ソウル・レヴュー》（93年）。桑田と小西による音楽性の幅に、「ベターデイズ」というサークルの音楽的な懐《ふところ》の深さを痛感する。ピチカート・ファイヴのアルバム『さ・え・ら ジャポン』（01年）は、ゼロ年代を代表する大傑作アルバム。

第7章　１９８４年――サザンオールスターズ、極まる。

初期のピーク

いよいよ１９８４年。初期サザンは、ここに極まる。つまり「第3期黄金時代」となるが、「第1期」「第2期」に比べて、「第3期」のヤマは標高が異なる。言わばここが、「初期のピーク」なのである。

その標高の高さは、サザンの歴史の中でも際立つが、同時代の他のミュージシャンと比べても際立っている。拙著『１９８４年の歌謡曲』の執筆にあたって、この年のシングルチャートをつぶさに観察したのだが、その中で、シングル《ミス・ブランニュー・デイ（MISS BRAND-NEW DAY）》の音が、いかに図抜けていたかを痛感したのだ。

「1984年のサザンオールスターズ」は、絶対的にも相対的にもピークを迎えている。

初期サザンの最高傑作アルバム＝『人気者で行こう』。「ラジカル」と「ポップ」、「洋楽性」と「大衆性」など、ここまで述べた二項対立の二項両方が、ハイレベルで詰まっている。その上、「音楽主義」「別格感」「コンテンポラリー」「デジタル」など、音楽性の説明に用いた様々な概念も、すべてがフルスペックで詰まっている感じがする。さらに言えば、それらが有機的に結束している感じ——つまりは傑作だということだ。

細かく見ていこう。まずは前作『綺麗』との対比。『人気者で行こう』は、『綺麗』よりも、サウンドにパワーが充塡《じゅうてん》されている。桑田佳祐のインタビューによれば、この時期、桑田がニューヨークで、当時の売れっ子ミックス・エンジニア＝ボブ・クリアマウ[*1]ンテンと面会したらしい。そこで『綺麗』を聴かせたのだが、ニューヨークで聴いた『綺麗』の音は「けっこうみじめな音」をしていて、ショックを受けたという。その上、なぜ音が貧弱なのか、その理由について、ボブ・クリアマウンテンから「やっぱりセンスですな」「血ですな」と言われ、さらに落ち込んだという。

そのような経験を受けて、『人気者で行こう』は、それこそ音が「綺麗」に小さくまとまっている『綺麗』よりも、より力強い音になっているのだ。桑田のボーカルも、一段としっかりシャウトしている感じがする。

次に、翌85年のアルバム『KAMAKURA』との対比。『KAMAKURA』はやはり2枚組であることが減点対象となる。正直、とっ散らかっている印象は否めない。対して『人気者で行こう』は、ぐっと凝縮されている。ぜい肉も入っている『KAMAKURA』に対して、『人気者で行こう』は体脂肪率が低い、筋肉質のアルバムだ。

傑作アルバムなので、さらに細かい話をしたい。私の感覚で言えば、『人気者で行こう』について、アナログLPでいうA面（《JAPANEGGAE》〜《シャボン》）よりも、B面の方が格上と思う。具体的に曲名を挙げると、《海》《夕方 Hold On Me》《女のカッパ》《メリケン情緒は涙のカラー》《なんば君の事務所》《祭はラッパッパ》《Dear John》。特に《海》《夕方 Hold On Me》の並びは、サザン史上最強の2曲並びだと思っている。

これに比肩するのは、アナログLP『KAMAKURA』（Disc 1）のB面だ。具体的には、《欲しくて欲しくてたまらない》《Happy Birthday》《メロディ（Melody）》《吉田拓郎の唄》《鎌倉物語》。こっちは後半3曲の並びが抜群に美しい。

ということは、この、それぞれのB面同士を合わせて（時系列は逆にして）AB面を作ると、「第3期黄金時代」「初期のピーク」のLPが出来上がることになる。
【A面】《欲しくて欲しくてたまらない》《Happy Birthday》《メロディ(Melody)》《吉田拓郎の唄》《鎌倉物語》
【B面】《海》《夕方 Hold On Me》《女のカッパ》《メリケン情緒は涙のカラー》《なんば君の事務所》《祭はラッパッパ》《Dear John》

ただし、こうなってくると、さらにブラッシュアップさせたいと思ってしまう。まず、申し訳ないがインストの《なんば君の事務所》は外させていただく。また、84年を代表する《ミス・ブランニュー・デイ》が入らないのも、あり得ないだろう。そして、あのイントロは、A面1曲目にぴったりだ。
という考えの下、正真正銘、この時期=「初期のピーク」を具現化する最強のアルバムが完成する。アナログLPで売り出してもらえないだろうか。タイトルはもちろん、『KAMAKURAへ行こう』だ。

「初期のピーク」を具現化したアルバム＝『KAMAKURA へ行こう』選曲案：
【A面】《ミス・ブランニュー・デイ》《欲しくて欲しくてたまらない》《Happy Birthday》《メロディ（Melody）》《吉田拓郎の唄》《鎌倉物語》
【B面】《海》《夕方 Hold On Me》《女のカッパ》《メリケン情緒は涙のカラー》《祭はラッパッパ》《Dear John》

それではここから、そんな「初期のピーク」を確かめに行こう。84年。標高が高い分、空気は薄くなるかもしれないが、音楽の密度はこってりと濃厚だ。

【比較分析3】サザンオールスターズと佐野元春

その前にここで「比較分析」を挟む。先に取り上げた、はっぴいえんどとキャロルは、その歴史的位置づけを、サザンとの対比で考えるものだったが、ここでは、1984年の同時代人としての、桑田佳祐と佐野元春[*2]の関係性について、書いてみたい。

何よりも重要な事実として、桑田と佐野元春は同い年である。桑田の生年月日は、56年2月26日、佐野は同年の3月13日。16年には、2人仲良く還暦になっている。

また、「同級生」として波長が合うのか、２人はとても仲がいい。ファンの間で有名なのは、91年に桑田が、ＴＢＳ『Ryu's Bar 気ままにいい夜』で語ったエピソードである。先の、ボブ・クリアマウンテンと面会したニューヨーク訪問時のある日、佐野元春が桑田を訪ねてきて、朝日を背に受けながら、やたらと気障《きざ》なポーズで「やあ、桑田くん！」と出迎えたという話だ（佐野のキャラをよく知らない人には、ちっとも面白くないかもしれないが）。

最近では、桑田のラジオ番組＝『やさしい夜遊び』（ＴＯＫＹＯ ＦＭ）の恒例企画である「邦楽年間ベスト10」13年版の１位として、桑田は佐野元春『La Vita è Bella』を選んでいるし、また佐野の方は16年、自身の『SOUND AVENUE 905 元春レイディオショー』（ＴＢＳラジオ）に爆笑問題をゲストに招き、３人でサザンの素晴らしさを語るという企画をオンエアした。

単なる「同級生」としての波長だけでなく、「日本語をロックに乗せるパイオニア」という「同志」としての波長が、おそらく、お互いを引き寄せあうのではないか。

佐野元春のデビューは80年。桑田に遅れること２年。そんな佐野が導入した「日本語ロック」の方法論は、桑田よりも具体的でシステマティックなものであった。

例として取り上げたいのは、佐野元春のデビュー曲《アンジェリーナ》の歌い出し。ポイントは、4つの8分音符＝「タ・タ・タ・タ」の中に、「♪シャンデリアの」が入っていることである。普通なら、8分音符4つの中には「♪シャ・ン・デ・リ」の4文字までしか入らない（入れない）。そこに「♪シャン・デリ・ア・の」と、ある種無理やりに6文字を詰め込んでいるのだ。

音符3つの中に、英語は「I・Love・You」と入るが、日本語では「わ・た・し」と、英語でいう「I」しか入らないという問題に対して、音符に余るほどの言葉を、ぎゅうぎゅうに詰め込んで、英語的な響きを作り出す。これが、佐野元春が発明した、具体的でシステマティックな方法論のコアにあるものだ。

特に、「♪シャン《デリ》アの」の《デリ》のように、8分音符に2音詰め込む＝言い方を変えれば、8分音符を16分音符2つに分解する＝方法論がその後一大ブームとなる。佐野元春自身の曲も含めて、《 》のところを、頭の中で歌ってほしい。

佐野元春《SOMEDAY》　♪《街》の唄が聴こえてきて

[*3]渡辺美里《My Revolution》　♪《非常》階段　《急》ぐくつ音

TM NETWORK《SELF CONTROL》♪君を連れ去る《クル》マを見送って
大江千里《GLORY DAYS》♪《きみ》の目に映るぼくがいて

面白いのが、これらの方法論を踏襲したのは、渡辺美里、TM NETWORK、大江千里など、佐野元春と同じEPIC・ソニー[*4]のミュージシャンが多かったということだ（「EPIC・ソニーがこの歌い方の特許を取った」という冗談があった）。

佐野元春が、これらの具体的な方法論に至った背景には、「反面教師」としてのはっぴいえんどの存在があったようだ。14年末にNHKラジオで放送された『日本語ロック・ポップスの50年〜はっぴいえんどが拓いた世界〜』において、佐野は「彼らは教師ではなく反面教師。日本語をロックに乗せるのには、もっと別のやり方があると思っていた。彼らはトゥー・インテレクチュアルだった（鈴木註：知的過ぎた）と思う」という意味のことを発言したのだ。私はけっこう驚いた。そしてこの佐野の感覚は、実は、桑田とも共通しているのではないかと思ったものだ。

そんな「同志」の2人が共演した音源がある。85年6月15日、国立競技場で行われた大規模ジョイントコンサート『国際青年年記念 ALL TOGETHER NOW』[*5]。吉田拓郎やオフコース、松任谷由実、坂本龍一らに加えて、はっぴいえんどの再結成というオマケも付いた「フェス」のトリに佐野元春が登場。そこにシークレット・ゲストとしてサザンも登場し、佐野と桑田で《夕方 Hold On Me》を歌ったのだ。

ぜひ動画サイトなどで音源を探して聴いてほしい。桑田が完全に佐野元春を「食っている」。佐野の歌がダメだったというより、このときの桑田の声の出方が凄まじすぎるのだ。はっぴいえんどの再結成で出演した細野晴臣は、このコンサートを「ニューミュージックの葬式」と形容したそうだが、このときの桑田のボーカルは、80年代前半までの日本のロック／ニューミュージックの総括だと言っても、決して大げさではない、素晴らしいものだと思う。

愛倫浮気性

先に書いたように、『人気者で行こう』はアナログLPでいうB面がいい。そのB面を「ポップ・サイド」とすれば、対するA面は、さしずめ「コンテンポラリー・サイド」という感じだ。当時の洋楽トレンドへの意識が強く、また実験性も高い。

中でも実験的なのが、初めの2曲である。注目したいのは歌詞。ロックと日本語の関係を確実にイノベーションした仕立てになっている。

まずは1曲目の《JAPANEGGAE（ジャパネゲエ）》。これはもうタイトルからジャパネスクを宣言している。そして歌詞は、歌い出しの「♪愛苦ねば　世も知れず」から、古文風のフレーズや古語風熟語がずっと続く異様なものである。

第4章（81年）の「桑田とタモリ」の項で見たように、それまでの桑田佳祐の作曲法は、まずデタラメ英語で歌いながら曲を作り、その後に、そのデタラメ英語の音に近い日本語を当てはめるというものであった。

この《JAPANEGGAE》では、その方法論をもう一歩進めて、単にデタラメ英語の音に近い日本語の言葉を選ぶのではなく、文字を独立させて読んでみても、ある特別な意味が生じる古文風フレーズや古語風熟語が使われているのだ。

その結果、音と文字からの連想がステレオ的に広がり、その結果、聴き手の印象が立体的に構成される。

具体的に言えば、先の「♪愛苦ねば」は、おそらく「I could never」を置き換えているが、それを「愛苦ねば」とすることで、日本語として、ある奇妙な意味合いを連想させる。「庶民衆の業（しょみんしゅうのごう）」や「可憐淫猥の情（かれんいんわいのじょう)」も、具体的な意味はよく分からないものの、どことなく猥雑な雰囲気を強く連想させる。

ちなみに《JAPANEGGAE》には英語版がある(84年のシングル《Tarako》のB面《JAPANEGGAE (Sentimental)》)。しかし英語版ということは、「ロックと日本語との関係のイノベーション」という、この曲の本質を放棄しているのだから、ほとんど意味が無くなってしまう。

次に、2曲目の《よどみ萎え、枯れて舞え》。こちらもタイトルからして、これまでの日本のロックがたどり着けなかった、遠い世界に着地している。

1番の歌い出しから、「友情」「愛情」、「貞操」「情操」と熟語で韻を踏むが(このあたりには、『人気者で行こう』制作中に発表された、盟友・佐野元春の《SHAME—君を汚したのは誰》の影響がありそうだ)、それ以上に画期的なフレーズが、2番の冒頭に登場する。

——「愛倫浮気性」。

発音は「アイリン・ブーケ・ショウ」(歌詞カードでは「ブーケ」が「フーケ」と表記されている。余談だが、『人気者で行こう』の手書き歌詞カードは誤記が多い。名曲《Dear

John》の「Riverpool」「Johny」は痛恨)。

ぜひ一度、発音してほしい。実にキュートな音の響きがあり、そしてまた文字面としても非常にキャッチーである。ここまで来ると、「ロックと日本語との関係のイノベーション」というより、日本語そのものをイノベーションしている感さえある。「胸さわぎの腰つき」や「しゃぶりつくよにPatiently」と並んで、初期サザンを代表する傑作フレーズだろう。桑田は、この「愛倫」という言葉が気に入ったようで、次作『KAMAKURA』の、こちらもタイトルからして《よどみ萎え、枯れて舞え》の後継と言える《古戦場で濡れん坊は昭和のHero》でも「♪愛倫情事心掛ければ綺麗」というフレーズを置いている。

しかしその後、このようなイノベーティブでラジカルな歌詞作りが、日本のロック界に定着することは無かった。桑田自身も、この方法論を突き詰めることを控えたようだし、また、それ以外の音楽家に広がることもなかった。その理由の1つとして、のちの「Jポップ」における歌詞の位置の低下、具体的に言えば「歌詞カードを熟読しない傾向」「カラオケボックスで初めて歌詞に触れるリスナーの増加」があると思う。歌詞カードを読まないのなら、歌詞の言葉遣いや表記にこだわる意味など、そもそも無いのだから。

ただ唯一、椎名林檎[*6]の歌詞には、この方法論に近いものを感じる。彼女の楽曲は、《よどみ萎え、枯れて舞え》《古戦場で濡れん坊は昭和のHero》の後継だと、私は勝手に確信している。

7人目のサザン②——藤井丈司と小林武史

八木正生と新田一郎に続く「7人目のサザン」論として、藤井丈司《たけし》と小林武史《たけし》[*7]という「Wたけし」について、考えてみたい。

まずは藤井丈司。YMO人脈のシンセサイザー・プログラマーから音楽キャリアをスタートし、そして、アルバム『人気者で行こう』からサザン人脈に加わる。YMOとサザンという、ほとんど交流の無い2つの人脈をつないだ、稀有なキャリアを持つ。

その『人気者で行こう』での担当クレジットは何と「Techno」。このざっくりとした表記はどうだろう（『KAMAKURA』では「syn & computer programming」）。サザンの6人が、コンピューター～デジタルという新機軸について、まるごとざっくりと藤井丈司に頼っていることが、強く感じられる表記のように思う。

藤井丈司が担当したサザンのアルバムは『人気者で行こう』『KAMAKURA』、そして、活動休止を経てリリースした90年の『Southern All Stars』の3枚。1枚ごとにデジタル臭が強くなっていく。しかし、その程度を確かめれば、まだ「アナログの中のデジタル」という感じがする『人気者で行こう』『KAMAKURA』と、アナログとデジタルが拮抗、ひいては「デジタルの中のアナログ」という感じすらする『Southern All Stars』との間には、大きな段差がある。

この段差を埋め合わせするのが、サザン活動休止中に発売された桑田佳祐のソロアルバム＝『Keisuke Kuwata』（88年）である。

一リスナーとして、このアルバムを聴いたときの衝撃は、忘れることが出来ない。大学3年生。音楽について訳知り顔で話し、サザンについても、この本で書いているような分析的な捉え方を周囲に披露する、いけすかない若者の前に、突如現れた『Keisuke Kuwata』。完璧に整理・制御された、完成度の高いアレンジ。デジタル臭の強いキラキラした音。そして、初期サザンの作品に通底していた、遊び心やアマチュアリズムが一掃されている――これ、サザンと全然違うじゃねぇか！

例えば、前年87年にシングルカットされてヒットした《悲しい気持ち（Just a man in

love)》。桑田のボーカルは、『人気者で行こう』『KAMAKURA』にも増してパワフルだが、後ろのカラオケに、どうにも熱気（＝「熱い胸さわぎ」）を感じない。どこかのプロフェッショナルが、お仕事で作った感じがしたのだ。

そして『Keisuke Kuwata』のクレジットを確かめる。そのプロデューサー・アレンジャーの欄に、桑田佳祐、藤井丈司とともに、小林武史という名前を見つけるのだ（小林は、キーボードとシンセサイザーも担当）。無論、後にMr. Childrenなどのプロデューサーとしてビッグネームとなる、あの小林武史である。

気持ちはとてもよく分かる。次章で見る快（怪）作＝『KAMAKURA』の制作プロセスの中で、リーダー桑田が感じた強烈なストレス。サザンの残り5人ではなく、自分の片腕となって、自分のオーダーを手際よく処理してくれるプロフェッショナルはいないか？　それに応えたのが、藤井丈司と小林武史の「Wたけし」だったのだろう。

小林武史はその後、『Southern All Stars』に加えて、『稲村ジェーン』（90年）、『世に万葉の花が咲くなり』（92年）まで参加する。特に『世に万葉の花が咲くなり』は「サザンオールスターズ featuring 小林武史」とクレジットしてもいいと思うほど、サザンと小林が、がっぷりと四つに組んでいる。

「Wたけし」＝藤井丈司と小林武史が、初期と中期（90年以降）のサザンをブリッジした。そして、中期サザンによる、プロフェッショナリズム満開のキラキラした音が、サザンの国民的バンド化＝「メガ・サザン」化を推し進めていく。

そう考えると、「初期のピーク」であるアルバム＝『人気者で行こう』は「中期へのスタート」でもあったのだ。

実録・ビデオ『サ吉のみやげ話』

この年の9月、サザンの6人は、「秋のツアーに向けての体力づくり」という名目で、ロサンゼルスで「合宿」を行っている。その「合宿」のときに撮影されたのが、ビデオ『サ吉のみやげ話』である。発売は12月10日。

内容は「洋楽もすなるプロモーション・ビデオといふものを、サザンもしてみむとてするなり」。この時期、アメリカでMTVが一大ブームとなり、日本でも洋楽のプロモーション・ビデオ（＝「PV」。最近風に言えば「ミュージック・ビデオ＝MV」）を目にすることが増えていた。「それならいっちょ、サザンも作ってみるか」というノリだったのだろう。

手元にあるパッケージを見ると、収録時間は33分で、価格は９８００円と、びっくりするほど高い。ただしサザン公式サイトのディスコグラフィでは「¥３１０７＋税」と書かれているので、どこかのタイミングで値引きされたようだ。以下、映像の内容である。

プロローグ

映像は、白人男性が、アメリカの古いビルを歩いているところから始まる。その白人が、エレベーターボーイ（と言ってもオッサン）から、ピストルを突きつけられる。引き金を引くと、銃口から「Tarako」と書かれた旗。

#1：《Tarako》

この年の10月21日に発売されたシングル。この本では否定的に論評しているサザン／桑田佳祐の全編英語曲だが、この曲に関しては、メロディがキュートで、割と好きだ。映像は、当時人気の女優＝ソフィー・マルソー似の女の子（白人）の恋物語の合間に、サザンの演奏シーンが挿入される作り。

インサート1

ロスにおけるメンバーの写真がコラージュされた映像。一瞬原由子の水着写真（！）が映っている。

#2：《開きっ放しのマシュルーム》

アルバム『人気者で行こう』収録曲。アメリカの昔のテレビ映像を、コンピューター・グラフィックス（CG）の原始版みたいな手法でミックスしたもの。途中から第二次世界大戦の映像が中心となり、ナチスやヒトラーも登場する。最後はゴキブリが死ぬシーン。

#3：《Dear John》

ジョン・レノンが長く住み、そして射殺された街＝ニューヨークの風景が淡々と映されるだけの、アイデアのない映像。タイムズスクエアの巨大看板に光るのは「MINOLTA」。また富士フイルムの看板も映り、80年代ジャパンマネーのパワーを感じさせる。

#4：《JAPANEGGAE》

謎の映像。暖炉のある豪邸の中で、大きなグラスで酒を飲む桑田。そして最後、暖炉の中にそのグラスと自分の写真を放り込み、燃やしてしまう。その合間に、日系人の男性が、生まれたての子供を見るシーンや、アメリカの小学校で一人ぼっちで座っている日系人（に見える）少年のシーンも挟まれることから、「アメリカで孤立しながら成功した日系人（桑田）が、過去の孤独を思い出して苛立つ」という設定だと読んだが、どうだろう。

インサート2

スタジオでの遊びのようなセッションの切り貼り。桑田と原由子がピアノでブギウギを連弾するシーンは、ビートルズの映画《レット・イット・ビー》における、ポール・マッカートニーとリンゴ・スターの連弾シーンへのオマージュだと思う。

#5：《Tarako (Mentaiko)》

人を食ったようなタイトルだが、曲自体は＃1の《Tarako》と同じ。ただし＃1の映像にあった「白人の女の子の恋物語」は全編削除され、純粋にサザンの演奏シーンだけで構成されている。ジャケット袖まくりの下にTシャツという桑田のいでたちは、まるで、当時人気の一世風靡セピアのよう。

#6：《ミス・ブランニュー・デイ》

撮影時における6人のプライベートシーンを切り貼り。その後、エンドロール。おびただしい数のアメリカ人、日本人の名前が延々と続き、この映像作品が一大プロジェクトであったことが分かる。

と、通してみると、今となっては、映像として特に観るべきところは少なく、「洋楽もすなるプロモーション・ビデオといふものを、サザンもしてみむとてするなり」以上でも以下でもないという感じである。高い価格を払って、中古版を買う必要は無いと思う。

ただし見方を変えれば、桑田の、抑えても抑えてもしつこく顔を出す洋楽志向が、また現れたと見ることもできる。ボブ・クリアマウンテンから「やっぱりセンスですな」「血ですな」と言われた桑田の怒りと妬みが、ないまぜになった33分間とも言えよう。

そんな複雑な気分も抱えつつ、いよいよ、初期サザンの最後の1年＝85年を迎える。

『人気者で行こう』全曲批評

【総評】★★★★★

「これまでのサザンから、一段格上に昇進した感じがする」と書いた『綺麗』から、さらに一段昇進。『綺麗』にパワーときめ細やかさをプラスして、「初期のピーク」の名にふさわしい出来となっている。特に《海》からのB面は文句なしの傑作続き。前作はギタリスト・大森隆志の活躍が目立ったが、今回は関口和之のベースと管楽器が素晴らしい活躍をする。また全体的に、間奏が練りに練られていて飽きさせない。

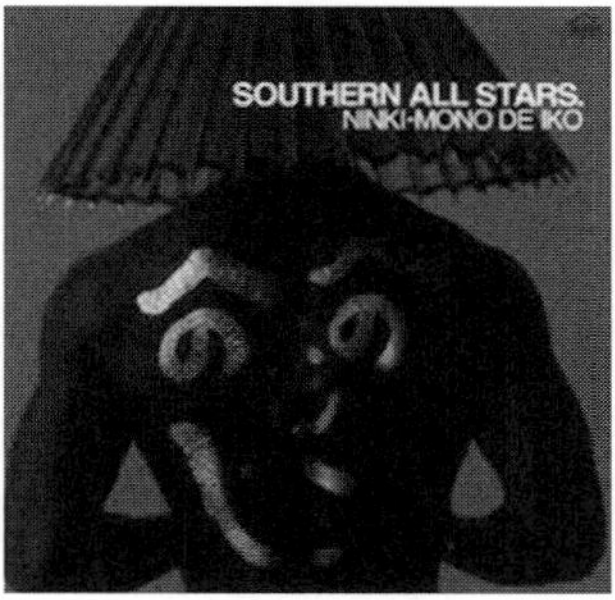

『人気者で行こう』(1984年7月)

【#1：JAPANEGGAE（ジャパネゲエ）（作詞・作曲：桑田佳祐　編曲：サザンオールスターズ&矢口博康）】★★★★

本文でも紹介した、やたらと個性的な歌詞が印象的なこの曲で、開口一番、このアルバムがただ事ではないことを示す。サウンドを印象付けているのが、冒頭から吠え、そして間奏で震えるサックス。また関口和之のベースも見事な働きをする。サックスとベースの活躍がなければ、ただのコミックソングになりそうなところだった。

【#2：よどみ萎え、枯れて舞え（作詞・作曲：桑田佳祐　編曲：サザンオールスターズ）】★★★★

《JAPANEGGAE》に続いて、こちらも奇妙な日本語の歌詞でワン・ツー・パンチとなる。ベースに引っ張られる感じのファンキー・サウンド。個人的には、山下達郎にカバーして欲しいと思う。桑田のボーカルは怒鳴らず、軽く推移していくが、それでも本当に上手い。なお桑田はこの年、ジューシィ・フルーツに《萎えて女も意志を持て》という、似た名前の曲を提供している。

【#3：ミス・ブランニュー・デイ（MISS BRAND-NEW DAY）（作詞・作曲：桑田佳祐　編曲：サザンオールスターズ&藤井丈司　弦編曲：新田一郎）】★★★★★

名曲。「サザン、テクノやってみました」的なイントロに驚くと、そこからは桑田節全開のボーカルが入ってくる。「♪夢に見る姿の〜」の歌い出しのメロディは、創造というより発明に近い。あえて難癖をつければ、「弦編曲：新田一郎」となっているのだが、中間部の取って付けたようなストリングスは本当に必要だったのか。

【#4：開きっ放しのマシュルーム（作詞・作曲：桑田佳祐　編曲：サザンオールスターズ&矢口博康）】★★★★

音楽的には、《YELLOW NEW YORKER》の後編という感じがする。《JAPANEGGAE》に続いて、編曲にサックスの矢口博康がクレジットされており、サックスがアレンジのキーとなっている。怒鳴り続ける桑田のボーカルは見事の一語。歌詞に「Blueberry Boy」というフレーズが出てくるが、次作『KAMAKURA』の《メロディ(Melody)》に出てくるのは、対となる「Blueberry Lady」。

【#5：あっという間の夢のTONIGHT（作詞・作曲：桑田佳祐　編曲：サザンオールスターズ）】★★★

ハイテンションで続いてきたA面もここで一息。「I Tender」=「愛ってんだぁ」、「I Surrender」=「愛されんだぁ」という駄洒落歌詞が効いている。それにしても《ミス・ブランニュー・デイ》といい、この曲といい、ドラムスの音が、いかにも80年代中盤という感じ。

【#6：シャボン（作詞・作曲：桑田佳祐　編曲：サザンオールスターズ　弦編曲：八木正生）】

★★★

悪い曲ではないが、『KAMAKURA』収録=《鎌倉物語》を聴いて、すでに30年以上経つ耳には、いかにも物足りない。こちらの「弦編曲：八木正生」は手堅い仕事。地味だが、ベースがいい仕事をしている。間奏の金管楽器（フリューゲル・ホルン？）に胸を締め付けられる。ここまでがA面。そして怒濤のB面へ。

【#7：海（作詞・作曲：桑田佳祐　編曲：サザンオールスターズ　管編曲：新田一郎）】

★★★★★

これぞ名曲。サザンの「メジャーセブンス・バラード」の最高峰。中山康樹は著書

『クワタを聴け！』で「『人気者で行こう』の他の収録曲に比して脆弱な印象は拭えず、クワタの歌やアレンジもどこか拡散しているように響く」としているが、ここは見解が180度異なる。「何を言っているんだ」とさえ思う。メロディ、アレンジ、歌詞、すべてに完璧。当初、この曲をシングルカットする予定が《ミス・ブランニュー・デイ》に替わったというが、そんなもの、両A面にすれば良かったのだ。

【#8：夕方 Hold On Me（作詞・作曲：桑田佳祐　編曲：サザンオールスターズ　管編曲：新田一郎）】★★★★★

これぞ&これも名曲。「サザン・イントロ史」というものがあれば、その最上位に君臨するであろう、シビれるようなイントロである。非常に高いキーで最後まで走りきる、若き桑田のボーカルの伸びにも注目。《海》とこの曲という、『人気者で行こう』最強のツートップにおいて、「管編曲：新田一郎」は、とてもいい仕事をした。

【#9：女のカッパ（作詞・作曲：桑田佳祐　編曲：サザンオールスターズ）】★★★★

アルバムタイトル『人気者で行こう』は、初め『カッパ（QUAPPA）』だったらしい。

ということは、一種のタイトルチューンの役割を果たしたはずの曲である。スティーリー・ダン風味の強い洒落たサウンド。全体的に奇妙なコード進行は、「こんなことも出来るんだぜ」という、若き桑田の奥行きの深さを感じさせる。

【#10：メリケン情緒は涙のカラー（作詞・作曲：桑田佳祐　編曲：サザンオールスターズ）】★★★★

《思い出のスター・ダスト》以来の「横浜モノ」にして、次作『KAMAKURA』の《死体置場でロマンスを》につながる「サスペンスモノ」。タイトルに加えて、歌詞に昭和の喜劇王「エノケン・ロッパ」が出てくるなど、このアルバムの日本語はとにかく自由である。ちなみに歌詞にある「BUND-HOTEL」（バンド・ホテル）は、映画『モーニング・ムーンは粗雑に』にも出てきた横浜の老舗ホテルで、その跡にドン・キホーテ山下公園店が建てられ、そして取り壊された。

【#11：なんば君の事務所（作曲：大森隆志　編曲：サザンオールスターズ&藤井丈司）】★★

《タイニイ・バブルス》《ステレオ太陽族》《ALLSTARS' JUNGO (Instrumental)》など、

アルバムの中で「刺身のつま」のように添えられる曲の流れにある。ハイテンションで攻めてきたB面の「箸休め」のような位置に立つ。

★★★★
【#12：祭はラッパッパ（作詞・作曲：桑田佳祐　編曲：サザンオールスターズ&藤井丈司）】

「ファンキー・サザン、参上」。「祭」という名の通り、どこか和風テイストが漂い、また「浪漫輩《ろまんはい》」、「華麗民《かれいみん》」など、《JAPANEGGAE》スタイルの造語が、ここでも炸裂している。そして「♪ああもうどうなれこうなれ」のくだりで、グルーヴは最高潮に。関口和之のベースが全体を牽引している。

★★★★★
【#13：Dear John（作詞：桑田佳祐　作曲：桑田佳祐&八木正生　編曲：八木正生）】

「あぁ、あの《ふたりだけのパーティ》で音程をフラつかせていた桑田くん、本当に歌が上手くなったわねぇ」と、親戚のオバサンのように褒めてあげたくなる曲。作曲に八木正生が入っている。このミュージカル風の音作りは、八木に頼った部分がかなり大きかったのだろう。「初期のピーク」のアルバムにふさわしいエンディングである。

――註釈

＊1【ボブ・クリアマウンテン】：当時、泣く子も黙る存在感を示していた、世界的なミックス・エンジニア。代表作に、ブルース・スプリングスティーンの『ボーン・イン・ザ・U.S.A.』や、ロキシー・ミュージックの『アヴァロン』など。

＊2【佐野元春】：本文で述べたように、桑田と並ぶ「日本語をロックに乗せるパイオニア」。より具体的に言えば、そのパイオニアの歴史は、萩原健一（ザ・テンプターズ）→矢沢永吉・ジョニー大倉（キャロル）→桑田佳祐（サザンオールスターズ）→佐野元春→岡村靖幸とつながっていく。はっぴいえんど・大滝詠一や、ジャックス・早川義夫は、セールス面（≒リアルタイムでの世の中への影響度）からして、上の流れからは一段劣る。

＊3【渡辺美里】【TM NETWORK】【大江千里】：佐野元春の影響を受けながら、80年代後半にブレイクしたEPIC・ソニーの所属ミュージシャン。代表曲はそれぞれ、本文でも紹介した《My Revolution》《SELF CONTROL》《GLORY DAYS》など。

＊4【EPIC・ソニー】：80年代後半から、日本のロックシーンを席巻。最も輝いていたレコー

ド会社。その先駆的な位置に佐野元春がいる。EPICのミュージシャンのPV（MV）が流れ続けるテレビ東京の番組『eZ』（88～92年）も懐かしい。

＊5【国際青年年記念 ALL TOGETHER NOW】：85年6月15日に国立競技場にて行われた大規模なジョイントコンサート。参加メンバーは、はっぴいえんど（再結成）、サディスティック・ミカ・バンド（再結成。ボーカルは松任谷由実）、吉田拓郎、オフコース、佐野元春（佐野のステージにサザンが飛び入り出演）、さだまさし、南こうせつ、チェッカーズ、THE ALFEE、山下久美子、坂本龍一、武田鉄矢、財津和夫、イルカ、白井貴子、アン・ルイス、ラッツ&スターなど。

＊6【椎名林檎】：椎名のプロデューサー・亀田誠治による、桑田佳祐についての論評＝「まず、日本語を自分なりの解釈で歌詞にしてメロディにはめるということを発明した1人だと思うんですよね。上手な方はほかにもいっぱいいますよ。桜井（和寿）くんも上手だし、椎名（林檎）さんも上手ですけど、その先駆けであったたっていうことはたぶん間違いない」（出典：音楽ナタリー「桑田佳祐へのメッセージ　第3回」）

＊7【小林武史】：本文に書いたような経緯で、小林はビッグネームとなり、サザンを離れるが、95年の大ヒットシングル＝桑田佳祐&Mr.Children《奇跡の地球》で、桑田と小林（同曲のプロデューサー）は再会する。ちなみに、私が初めて動く小林を観たのは、TBS『ザ・ベストテン』で、桑田が《いつか何処かで（I FEEL THE ECHO）》（88年）を歌うバックで、キーボードを弾いていたとき。そのとき、その横でピアニカを弾いていたのが女優の松下由樹。

第8章　1985年——サザンオールスターズ、舞い散る。

2枚組

いよいよ、初期サザンの最終年＝1985年に突入する。高校を卒業し、大阪で浪人時代に突入した私にとっては、アルバム『KAMAKURA』の中の傑作《メロディ（Melody）》を口ずさみ、阪神タイガースの優勝を見つめていた年である。

さて、アルバム『KAMAKURA』が、これまでのアルバムと決定的に違うのは、それが2枚組だったことである。CD時代になってから、2枚組はよく見かけるようになったが、LP時代には、2枚組＝特別なものという意識が、割と強かったように思う。レコード2枚分の重量が影響していたのか。それとも価格の問題か。ちなみに、私が持っているLP『KAMAKURA』の価格は4000円と表記されている。85年当時の4000円は、それなりのインパクトだったと思う。前作『人気者で行こう』は2800円で、『KAMAKURA』は、そのおおよそ1・4倍。

そのせいか、この段階では、日本の音楽シーンにおいて、ライブ盤やベスト盤を除いて、2枚組はかなり珍しかった。逆に『KAMAKURA』以降、渡辺美里『Lovin' you』（86年7月）や、浜田省吾[*1]『J.BOY』（86年9月）など、2枚組アルバムが、少しずつ目立ってくるようになる。

その特別感は、桑田佳祐自身も感じていたようで、桑田の87年の発言によれば、「でも、またもう一遍やってみたいね。形は違うだろうけど。二枚組ってやっぱりレコード界のアイドルだからね、俺達にしてみれば。ビートルズ以来、やりたくてしょうがなかったんだもん」（『ブルー・ノート・スケール』）。

そう、2枚組と言えば、ビートルズ『ザ・ビートルズ（ホワイト・アルバム）』（68年）なのである。濃密に作り込まれた最高傑作アルバム『サージェント・ペパーズ・ロンリー・ハーツ・クラブ・バンド』（67年）を作った翌年に発表した、メンバー4人が自由にプロデュースした自作曲を集めた2枚組アルバム。そういえば、この「傑作の次に2

枚組」という構造は、『人気者で行こう』→『KAMAKURA』の関係に共通する。

しかし、比較的リラックスした感じの『ホワイト・アルバム』に比べて、『KAMAKURA』の音世界は、なんだか窮屈で、息苦しい。その大きな要因は、打ち込み作業の比率が高まっていく中で、アルバム制作の負担やストレスが、バンド全員ではなく桑田1人にのしかかったことにあると思う。『ブルー・ノート・スケール』における桑田発言を長く引用する。

「歌詞もスタジオの中で作るの。少なくとも十六、七曲は録らなくちゃいけないから。その十六、七曲のために二十日間ある、詞は一曲も出来てない。しょうがない、かたっぱしから書いてくしかないの。テーマも何もなくて（笑）。歌入れの二時間前から書き始めて、出来上がったらすぐコピーして、即歌っちゃうわけ」

「でも、とんでもない量ですよ。なんか、レコーディングという作業に対して、他人行儀じゃいられなくなるの。もう、コンソールなめちゃうみたいな感じになる。あの一つ一つのボタンを。それまでは煙草吸いながらミキサーに『あー、この辺もうちょっと上げて』とかやってるじゃない。そんな余裕なんかなくなるもんね。もう、舌でフェーダー持ち上げてやろうかと思った（笑）。ホントよ。コンソールが女に見えてくる、突起物がすべていやらしく見えてくるんだ」

これらのあけすけな発言は、『KAMAKURA』制作時の極限状況を伝えていると同時に、その言葉遣いに、桑田の実にクリエイティブな言語感覚が横溢している。「舌でフェーダーを持ち上げてやろうか」という表現の、何と絶妙なこと！

『KAMAKURA』の後、サザンはいったん活動休止。メンバーはソロ活動に入っていく。85年、サザンは派手に舞い散った。

【比較分析4】サザンオールスターズと山下達郎

「比較分析」シリーズの最後は、２０１７年の現在においても、音楽界のトップを走り続ける、山下達郎と桑田佳祐の関係を考察してみたい。

「大卒ロック」と「大学除籍ロック」の筆頭たるこの２人だが、意外にもとても仲がいいようだ。山下達郎ファンクラブの会報『タツローマニア』の１００号（16年冬号）に掲載された２人の対談によれば、夫婦同士で「年に何回も飯を食う」仲とのこと。

その対談では、２人の出会いが語られていて、それは79年、桑田の「オールナイトニッポン」に山下達郎がゲストに呼ばれたときのこと。そのとき桑田は、山下にいきなり下ネタを振ったという。そのときの印象を山下は、「〝この人は自分の考えてることをどういう言葉を使って伝達したいのか〟ということを理解するまで、ものすごく時間がかかった」と、実に山下らしい言葉で説明している。

翌80年、FMラジオのスペシャルバンド企画で共演。バンド名は「竹野屋セントラルヒーティング」（大橋純子のバックバンド「美乃家セントラル・ステイション」のもじり）。メンバーは、山下達郎と桑田に、世良公則、竹内まりや、ダディ竹千代。このあたり、ファンにはよく知られているエピソードだろう。

そして88年、アルバム『Keisuke Kuwata』の《遠い街角》には竹内まりやが参加、お返しのような形で、山下達郎のアルバム『僕の中の少年』（88年）の中の大作《蒼氓《そうぼう》》で、山下夫婦（山下＋竹内まりや）と桑田夫婦（桑田＋原由子）の超豪華共演が実現することになる。

そこから現在に至るまで、下ネタから始まった割には、とても友好的な関係が続くことになるのだが、今回着目したいのは、80年代中盤における2人の、デジタルとの距離の取り方についてである。

この時期、山下達郎もサザンも、コンピューターを積極的に導入し始めている。その導入の仕方が、非常に似ているのだ。具体的に言えば、『KAMAKURA』と、その翌86年の山下のアルバム『POCKET MUSIC』に共通する、「アナログ音楽の達人がデジタルと格闘している」という感覚である。そのあたりを、同年の山下の発言から拾ってみる（渋谷陽一『ロックは語れない』新潮文庫）

山下　だから売れれば売れるほどプレッシャー掛かる。かといって迎合できないし。今度のＬＰ（鈴木註：『POCKET MUSIC』）なんかもコンピューターとサンプリング使って、前と同じスタイルやろうなんていうくだらない命題を立てるから、死ぬ思いしたんですよね。でも、不可避だと思った。

渋谷　そのへんがまた面白いんだよねえ。

山下　だって、これは商業音楽なんですよ。生きてるの。だからヒップ・ホップをいくら嫌っても、時代はどんどんヒップ・ホップになるの。それは弁証法的な歴史の必然性なの。

見事な発言だと思う。そして、「弁証法的な歴史の必然性」と「舌でフェーダーを持ち上げてやろうか」の違いはあれど、「好きであろうが無かろうが、商業音楽なんだから、デジタル化はやんなきゃいけないんだよ」というこの感覚は、山下・桑田の両者に共通のものだったのだろう。そして、そういう進歩的な音楽観（一種の「諦観」と言い換えても良いか）があったからこそ、現在でも2人は、音楽界のトップを走り続けているのだ。

最後に、『Keisuke Kuwata』と『僕の中の少年』が発売された88年、こういうことを書いた評論家がいた。

「確かに、サザンも達郎も〝打ち込み〟をやっている。しかしそれは、TシャツにTM（鈴木註：TM NETWORK）のロゴが入っている程度のもので、TシャツはTシャツなのだ。『KAMAKURA』や『POCKET MUSIC』で、彼等のベクトルは何ら変わっていない。彼等のラジカリズムは、もっと地に足のついたものである」（FM東京「ラヂカル文庫」88年7月号）

こちらも見事に、本質を言い得ていると思う。これを書いた評論家とは？――実は、何と弱冠21歳、大学生のスージー鈴木くんである。

《メロディ（Melody）》の傑作性

そして、やっとこの曲にたどり着いた。初期サザンの最高傑作楽曲にして、到達点＝《メロディ（Melody）》である。この曲を初めて聴いたときの衝撃は忘れられないし、ある意味、その衝撃は今でも続いている。さらに言えば、《勝手にシンドバッド》とこの曲の衝撃を、不可分なく伝えるために、この本を書いているという感覚さえある。

そのような、私にとって、そしてこの本にとって重要な楽曲なので、スペースを割いて、この曲の構造を細かく見ていくこととする。

イントロは、いかにもデジタルなタッチで始まる。そしてそのデジタル感は、最後まで続く。「サザンオールスターズ」というより、「桑田佳祐＆藤井丈司＆ときどきサザンオールスターズ」という感じで作られたと思われる。

そしてドラムスの代わりに、「ドゥッ・ドゥッ・コーン！」という、かなりチープな音のリズムボックスが使われている。これ、デジタルサウンドが完全に定着した今となっては、あまり不自然な感じはしないと思うが、当時のサザンにおいて、このリズムボックスの活用は衝撃だった。当時、『桑田佳祐のオールナイトニッポン』でこのイントロを初めて聴いたとき、私は身構えた――「サザン、今ごろテクノかよ?」

♪君が涙を止めない
Oh my hot strawberry woman, don't you go
別れ話に　Cry on ~
夢の中まで甘く
You're my hot blueberry lady, just with you
言葉にならない

歌詞は「点描的」である。取り立ててストーリーがあるわけではなく、目の前で泣いている君(女性)に別れを告げるという「点」だけを歌っており、「線」になって動き出さない。そして、その情景は、このパラグラフにおいて、すべて表現されている。
歌い出しのメロディを階名で書けば「♪ドドド・ドソソソ・レミーミ・ドソソ」(キーはC)。レが一瞬入っているものの、基本的に主和音ドミソ(【C】)の分散和音(アルペジオ)となっている。そのため、余計な情感が混入しない、とても無色透明な歌い出しなのだが、突然の「♪Oh my hot」の跳躍で、一気に持っていかれる。ただでは済まないぞと。

続く「strawberry woman」は、次の「blueberry lady」と並んで、前年に発表した《開きっ放しのマシュルーム》の「Blueberry Boy」と呼応する。

コード進行は、1小節ごとに、【C】→【C】→【Am/C】→【Am/C】→【F】→【G7】→【C】。つまりは【C】→【Am】→【F】→【G7】という、ポピュラーなコード進行が基になっているが、【C】と【Am】を2倍の長さにするあたりに、当時、日本でも大ヒットしたポリスの《見つめていたい》（83年）の影響を感じる。そういえば、レ（9th）の音を強調したバックの演奏も、どことなく《見つめていたい》的である。さらに言えば、《見つめていたい》の「レ（9th）の音を強調したバックの演奏」に影響を受けた名曲に、大沢誉志幸[*2]《そして僕は途方に暮れる》（84年）がある。当時の、洋楽と邦楽の健康的な関係が偲ばれる。

なお、この歌い出しの部分は当時、アルバム『KAMAKURA』のテレビCMに使われた。明石家さんまの目から涙が水平に流れ出すというもので、なかなかの話題を呼んだ。なおCMのコピーは「サザンオールスターズ、国民待望の2枚組」。

♪Honey you　いついつまでも　Baby
Woo yeah, 今宵　雨の　September
君に乗る純情な夜がとぎれてく　oh, oh, oh

無色透明な歌い出しと突然の跳躍で、曲の輪郭を捉えかねていると、次の「♪Honey you」からの【Em7】→【Am】という、センチメンタルなコード進行の繰り返しで、少し安堵する。「あ、やっぱサザンはサザンだ」。しかし、その次の「♪September」の跳躍でまたびっくり。そして「♪君に乗る純情な夜が」の詰め込み唱法で、聴き手はいよいよ追い込まれる。
「もしかしたらこれは、これまでのサザンにはない、とんでもない曲かもしれない」

♪いい女には　Forever　夏がまた来る
泣かないで　マリア　いつかまた逢える
誰かれ恋すりゃ　悲しみに濡れ

And my heart went zoom, with you

サビのメロディは、この曲の緊張と弛緩が交互に連なる構造の中では、弛緩のパートである。跳躍はなくむしろ、「♪ドドド・ドシラ・シラソー・ソソソ・ソラシ・ドー」と、まったく跳躍せず、真横の鍵盤を一段ずつ上って降りるものである。のちの桑田のソロ《いつか何処かで（I FEEL THE ECHO）》（88年）の傑作サビ＝「♪今でも逢いたい気持ちでいっぱい〜」（シドレ・ドー・シドレ・ドー・シドレ・ドー・シドレ・ドー）を想起させる。

しかしリズムはまた凝っていて、全体的に「2拍3連」を用いている。2拍の中に3つの音を等分に詰め込むというもの。このリズムが、弛緩のパートにおいても、ある種の緊張感を保持している。

それにしても「♪いい女には　Forever　夏がまた来る」という歌詞はいい。ちょっとしたキャッチコピーのようだ。

♪砂に涙を消して

Oh my hot strawberry woman, love you so
君の名を呼ぶ　Silence 〜　(woo yeah)
星も夜空で泣いた
You're my hot blueberry lady, she is gone
帰らぬ思い出

このパラグラフの冒頭で、よく聴くと、アコースティックギター（12弦？）が入ってきている。デジタル一色の中で、やっとアナログ楽器が登場し、バランス感が高まる。

また、重要なポイントとして、ここで「砂」という言葉が出て来ている。おそらく海の砂。つまりこの時点で、「海」と先の「夏（がまた来る）」という、サザンの基本設定が揃うのである。そしてそれは、《勝手にシンドバッド》にも共通するものだ。

要するに、「海」と「夏」を歌った、《勝手にシンドバッド》とこの曲によって、初期サザンがまるごと挟まれるのである。「海」と「夏」に始まり、そして終わる、この栄光と挫折と物語に溢れた年月。

なお、細かな話をすればこの「♪砂に涙を消して」というフレーズは、桑田が幼少期に影響を受けた曲として、何度も引き合いに出す、ミーナ《砂に消えた涙》（64年）からの引用と思われる。

♪Baby blue　遠くはなれて　今
Woo yeah　胸が痛む　Remember
波に乗る最高の夜がこわれてく　oh, oh, oh

このパートは、先の「♪September」と「♪Remember」、「♪君に乗る純情な夜」と「♪波に乗る最高の夜」の韻を楽しむためのパートである。特に「君に乗る」⇕「波に乗る」、「純情な夜」⇕「最高の夜」の2軸は、広い広いサザンの歌世界のすべての地点を指し示す経度と緯度のように感じる。

♪いい女には　Forever　夏がまた来る
泣かないで　マリア　いつかまた逢える
誰かれ恋すりゃ　悲しみに濡れ

And my love was true, for you

ここで矢口博康、一世一代のサックスソロが入る。どうしてこんなフレーズが思い付いたのかと問い質したくなる、実にクレイジーで、そのぶん独創的な繰り返しフレーズである。聴き方によっては、デジタルな演奏と親和性の高い機械的な音列であり、また別の聴き方をすれば、夏の終わりに男にふられた女性の、胸をかきむしるようなエモーションの表現となる。

そしてサビに入る。初期サザンの最高傑作のサビということは、要するに、初期サザン全体のサビ、初期サザン最高標高地点となる8小節だ。

♪恋人のまま　Oh my hot　別れよう
素肌で歌う　秘密のメロディ

「2拍3連」のリズムを引きずって、また「♪Oh my hot」を引きずって、サビは展開されていく。そして、この最高標高地点の8小節の中での頂点はと言えば、「♪（ひ）

みつのメロディー」の７小節目である。突然出て来る【D♭maj7】という、破滅的なコード。ここでこのコードを使うというのが初期サザンの凄みである。

ここで、その最高標高地点から、眼下に広がる、ここまでの歩みを振り返る。いろいろとあった騒々しい日々だった。しかしサザンは、しっかりと確実にステップアップし、そして、日本のロックをこの高みにまで押し上げてきた。そして、その高みに響き渡るのは、この【D♭maj7】というラジカルなコードだ。

♪Oh, Oh, Oh
あの頃は　Together　ありのままでいい
瞳の奥には　海辺のカーニバル
時が流れても　君よ　Be good to me

いい女には　Forever　夏がまた来る
泣かないで　マリア　いつかまた逢える
誰かれ恋すりゃ　悲しみに濡れ

And my heart went zoom, with you

大サビは「2拍3連」の饗宴、緊張と弛緩のバランスの上で成立している。「♪あの頃は　Together　ありのままでいい」「♪時が流れても　君よ　Be good to me」と、新しい歌詞が登場する。それは、最高標高地点から、これまでの歩みを振り返ったときに、桑田の胸に去来した感慨のようにも聴こえてくる。

「洋楽ファンの若者が集まり、青山学院のキャンパスで、ありのままぶつかりあってたあの頃。でも、そんな過去とは、一旦さよならしよう。原坊も妊娠して休養に入るし、みんなもそろそろソロ活動をしたいだろうし、そして俺にも、『KUWATA BAND』っていう構想があってね――だから、ちょっと活動休止しよう。でも、時が流れても、また仲良くやろうよ」

と、ここまで考えて、ふと思うのである。

「もしかしたら、この曲の『君』とは、初期サザンのことなんじゃないか?」と。

この名曲は、他でもない、自分たち、そして自分たちのデビューからの道のりに、捧げられているのではないかと。

《メロディ(Melody)》──初期サザンの最高傑作楽曲にして、到達点。

「初期」の終わり

アルバム『KAMAKURA』に先駆け、8月21日に発売されたこのシングル《メロディ(Melody)》は、大々的なプロモーションのおかげもありヒット、10月3日のTBS『ザ・ベストテン』で1位に輝いた。

1位：サザンオールスターズ《メロディ(Melody)》
2位：安全地帯《悲しみにさよなら》
3位：C-C-B《Lucky Chanceをもう一度》
4位：とんねるず《雨の西麻布》
5位：Toshi & Naoko《夏ざかり ほの字組》
6位：おニャン子クラブ《セーラー服を脱がさないで》
7位：河合その子《涙の茉莉花LOVE》
8位：斉藤由貴《初戀》

9位：石川秀美《愛の呪文》
10位：少女隊《BYE-BYE ガール》

ここで、そのちょうど7年前の10月＝78年の10月12日の『ザ・ベストテン』で、《勝手にシンドバッド》が最高位4位に上がったときのチャートを再掲する。

1位：世良公則&ツイスト《銃爪《ひきがね》》
2位：堀内孝雄《君のひとみは10000ボルト》
3位：山口百恵《絶体絶命》
4位：サザンオールスターズ《勝手にシンドバッド》
5位：西城秀樹《ブルースカイブルー》
6位：野口五郎《グッド・ラック》
7位：沢田研二《LOVE（抱きしめたい）》
8位：ピンク・レディー《透明人間》
9位：アリス《ジョニーの子守唄》

10位：郷ひろみ《ハリウッド・スキャンダル》

隔世の感とはこのことである。音楽シーンはまったく変わってしまった。これだけの大変化の中を、サザンは戦い続けてきたのである。そして《メロディ（Melody）》は、当時の時代の寵児＝秋元康[*3]が仕掛けた、とんねるず[*4]や、おニャン子クラブ[*5]、河合その子を抑え、トップに君臨したのだ。

『1984年の歌謡曲』という本を書いた身として言わせてもらえば、当時の秋元康が手掛けた一連のプロジェクトは、「歌謡曲」というジャンルを茶化し、そして崩壊させる方向で機能していた。とんねるず《雨の西麻布》は演歌を茶化し、おニャン子クラブはアイドルを茶化していた。

初期サザンの歩みをたどってみれば、あるときは歌謡曲と対抗し、あるときは歌謡曲を取り入れ、そしてあるときは歌謡曲の中に飛び込んだ歴史と言える。そんなベンチマークとしての「歌謡曲」が、音を立てて崩壊し始めているのだ（余談ながら、この年の10月で終わった『桑田佳祐のオールナイトニッポン』の後の火曜1部を継いだのが、とんねるずである）。

黒柳徹子「急上昇で有名におなりですが、あなたたちはアーティストになりたいのですか」

桑田「いえ、目立ちたがり屋の芸人で〜す」

78年8月のTBS『ザ・ベストテン』でのこの会話から、たった7年。

山川静夫「さて、続いて登場するのは、サザンオールスターズですが、この格好をまずご覧ください。国民的な歌手＝三波春夫さんに負けないように、桑田佳祐さんが精いっぱいのおしゃれです」

82年のNHK『紅白歌合戦』のこの紹介からは、たった3年。

そんな、たった数年で、彼らは《メロディ（Melody）》の高みに上り詰めた。もう彼らを芸人やコミックバンド呼ばわりする人は、誰もいなくなっている。そして、『ザ・ベストテン』や『紅白歌合戦』の権威を支え、サザンを焚きつけていた「歌謡曲」というジャンル自体が崩壊しつつある——。

そう考えると、他人事ながら、かつ30年以上も過去の話ながら、「もういいだろう、少しばかり休ませてやれよ」と言いたくなる。

そして『ザ・ベストテン』で１位に輝いた翌日＝10月４日から２日間の、横浜スタジアムでのコンサートをもって、サザンは一時活動休止する——。

初期サザン、ここに舞い散る。

『KAMAKURA』全曲批評

【総評】★★★★

アルバム『人気者で行こう』を桑田佳祐の才能の爆発とすれば、こちらは言わば、「才能の暴発」。多面的で濃密な実験結果を、しっかりと検証せず、2枚組という荒野に放り投げた感がある。それ故、総合点では★4つと、満点の『人気者で行こう』に比べて、点数を減らさざるを得ないが、初期サザンの中で、最も聴き飽きない作品でもある。そして、何といっても、《メロディ（Melody）》が入っている。

『KAMAKURA』（1985年9月）

――Disc1

【＃1：Computer Children（作詞・作曲：桑田佳祐　編曲：サザンオールスターズ＆藤井丈

司）】★★

この曲から始まることが、アルバム『KAMAKURA』への心象を悪くする。歌詞カードには「〝Computer Children〟は、スクラッチ、不規則なリズムなど、各種のEffect処理が行われています。未体験のサザン・サウンドをお楽しみ下さい」と、わざわざ書かれているが、こう書かざるを得なかったほど、未整理な「Effect処理」が、聴き手に負担を強いるかたちになっている。当時のサザンの時代感覚のズレが垣間見える。

【#2：真昼の情景（このせまい野原いっぱい）（作詞・作曲：桑田佳祐　編曲：サザンオールスターズ&藤井丈司&大谷幸）】★★

前曲に続いて、聴き手に負担を強いるシリーズのパート2。当時（85年秋）、セネガルのバンド＝トゥレ・クンダとジョイントライブをした関係か、アフリカ色の強いアレンジを採用しつつ、歌詞はどうも社会主義下のソビエトのことを歌っていそうだ。そして、そういう謎な曲が、さらにもう1曲。

【#3：古戦場で濡れん坊は昭和のHero（作詞・作曲：桑田佳祐　編曲：サザンオールスター

ズ）】★★★

＃1、＃2を超えて、聴き手の負担はここでマックスになる。まずもって、リズムが4分の7拍子（3＋4拍子）と、めっぽう乗りにくい。また歌詞も、タイトルからして、もうどこか遠い世界に行ってしまっている。ただ「♪愛倫情事心掛ければ綺麗」まで来ると、＃1、＃2よりも★1つ追加したくなる。ちなみに私は、この曲の「♪極楽寺坂みどり」という歌詞を見て、鎌倉の極楽寺を、上京後真っ先に観に行った。

【＃4：愛する女性とのすれ違い（作詞・作曲：桑田佳祐　編曲：サザンオールスターズ＆藤井丈司）】★★

このあたりが、サザン一流のバランス感覚と思うのだが、＃1～＃3の実験3部作の後に、こういう超ベタな楽曲でバランスを取るところ、実に商売が上手いと思う。しかし、こちらはあまりにベタすぎて、かえってサザンらしさが弱くなる。あと歌詞の最後で、無理やりハッピーエンドになるあたりにも、違和感がつのる。

【＃5：死体置場でロマンスを（作詞・作曲：桑田佳祐　編曲：サザンオールスターズ＆大谷

幸）】★★★

《メリケン情緒は涙のカラー》に続く「サスペンスモノ」。舞台は横浜から香港に移るも、不倫が妻に見つかるという、やたらとスケールの小さな事件に矮小化される。＃４に続いて、大森隆志のギターソロが素晴らしい。この時期、ギタリストとして、更に一段上に進んだ感じがする。その後の間奏での、小林克也の小芝居も良い。

【＃６：欲しくて欲しくてたまらない（作詞・作曲：桑田佳祐　編曲：サザンオールスターズ&藤井丈司）】★★★★

ここからＬＰではＢ面となる。Ｂ面はこのアルバムを代表する５曲で構成され、Ａ面の退屈さが嘘のよう。この曲も、「１９８５年の桑田佳祐」が濃密にパッケージされている。ボーカルが実に生々しく、後半、スウィング・ジャズ風になるあたりのアレンジも素晴らしい（デビューアルバム『熱い胸さわぎ』の《恋はお熱く》を想起）。

【＃７：Happy Birthday（作詞・作曲：桑田佳祐　編曲：サザンオールスターズ&藤井丈司）】★★★★

スティーヴィー・ワンダーの同名曲に対する、日本からの最良の回答。この上なく賑やかで、宝箱のようなアレンジは、藤井丈司という人の功績大だろう。ここで、やたらと瑣末で、しかしよく考えたら味わい深い話として、この曲の誕生日、つまりアルバム『KAMAKURA』の発売日＝85年9月14日は、矢沢永吉36歳の誕生日でもある。

【♯8：メロディ（Melody）（作詞・作曲：桑田佳祐　編曲：サザンオールスターズ）】★★★★★

名曲。初期サザンの最高傑作楽曲にして、到達点。

【♯9：吉田拓郎の唄（作詞・作曲：桑田佳祐　編曲：サザンオールスターズ＆藤井丈司　管編曲：新田一郎）】★★★★

このアルバムの中で、最も過小評価されている曲である。桑田お得意の「先輩ミュージシャンへのおせっかいシリーズ」の最高傑作。過小評価の理由は、「フォークソングのカス」などの歌詞から、一見、吉田拓郎に対する安っぽい批判に見えること。しかしその実は、当時引退が噂されていた吉田拓郎への激励ソングなのである。こういう言葉を、自分のラジオ番組で語る桑田が、安易な吉田拓郎批判などするわけがない——「吉田拓郎を聴いて、音楽で金を稼ぐって、すげぇいいなと思ったんです」。

【#10：鎌倉物語（作詞・作曲：桑田佳祐　編曲：サザンオールスターズ　弦編曲：大谷幸）】★★★★

初期サザンにおける原由子ボーカルの最高傑作。原が妊娠中だったため、自宅でレコーディングしたらしい。そのせいかどうか、声に母性のようなものが宿っている感じがする。歌詞にもメロディにも、一切無駄がない。また#9に続いて、大森隆志のギターソロが実に素晴らしい。

——Disc2

【#1：顔（作詞・作曲：桑田佳祐　編曲：サザンオールスターズ&藤井丈司）】★

ここからはLPでは2枚目の「C面」となる。その幕開けは実に不可解な曲。私のリズム感の悪さもあるのかもしれないが、裏拍が強調されたスカビートに乗れないのである。裏拍を表拍に感じてしまうのだ。そのため《古戦場で濡れん坊は昭和のHero》の、

4分の7拍子よりも不可解なリズムに思えてしまう。「♪この顔でモテたらおもしろい」などの自虐フレーズは傑作なのに、もったいない。

【♯2：Bye Bye My Love（U are the one）（作詞・作曲：桑田佳祐　編曲：サザンオールスターズ&リアル・フィッシュ）】★★★★

シングルカットされ、《メロディ（Melody）》を上回る37万枚の売上を獲得。売れた原因は、親しみやすいメロディに加え、最後のパートの、桑田の絶叫にあると思う。初期桑田の声に内包されていた「焦燥感」が、ここに蘇る。リアル・フィッシュとは、矢口博康が在籍していたインストバンドで、彼らはのちに、桑田がラップに挑戦した珍盤＝《ジャンクビート東京》（87年）を手がけることになる。

【♯3：Brown Cherry（作詞・作曲：桑田佳祐　編曲：サザンオールスターズ&藤井丈司　管編曲：新田一郎）】★★★

一見、ただのエロソングだが、このアルバムの緊迫した制作プロセスの中、「Shut-say」「In morning」「Lincoln」など、エッチな日本語を英語風に言い換える作業に没頭している桑田を想像すると、微笑ましくなる。ちなみに桑田は、最近でもエロソングを作り続けているが（10年の《EARLY IN THE MORNING》など）、さすがにもういいだろうと思ってしまう。

【#4：Please!（作詞・作曲：桑田佳祐　編曲：サザンオールスターズ&原田末秋）】★★

このアルバム、指折りの地味な曲。要するに、《女流詩人の哀歌》《EMANON》に続く、「AORサザン」シリーズとして作ったのだろうが、《女流詩人の哀歌》《EMANON》にあった独創性のようなものが欠落している。あと、《Computer Children》の6分9秒も長いが、この曲の5分48秒も長過ぎる。

【#5：星空のビリー・ホリデイ（作詞：桑田佳祐　作曲：桑田佳祐&八木正生　編曲：サザンオールスターズ&八木正生）】★★★★

《Dear John》に続く、「桑田&八木正生による、大物ミュージシャンへのオマージュ」シリーズ。ただ、圧倒的なスケール感の《Dear John》に対して、こちらは小さくまとまってしまった気がする。どうしてバロック風（カノン風）のコード進行にしたのだろう。《Dear John》のような、八木正生お得意の、ミュージカル風、ジャズ風の音作りで攻めてほしかった。

【#6：最後の日射病（作詞・作曲：関口和之　編曲：サザンオールスターズ&大谷幸）】★

「サザンの戦後民主主義性」の発露としての、桑田以外のメンバーによる曲の収録。『KAMAKURA』では、関口和之が選ばれた。このアルバムでは全体的に、意味の崩壊した日本語歌詞が特徴だが、この曲の歌い出しの「♪Hi! life は絶頂（ヤマ）ね　Hi! 太陽は母（ママ）ね」もかなり崩壊している。結果、点数も崩壊して★1つ。

【#7：夕陽に別れを告げて～メリーゴーランド（作詞・作曲：桑田佳祐　編曲：サザンオールスターズ&大谷幸）】★★★★

我々世代にとっては、カラオケの定番ソングの1つ。初期の／青春のサザンの総括にして、かつ、シンプルなコード進行で、大衆のハートをがっちりと摑むような曲作りは、《みんなのうた》以降の中期サザンの布石とも言える。このアルバムの最終曲《悲しみはメリーゴーランド》（のインスト）とのメドレーとなっている。

【♯8：怪物君の空（作詞・作曲：桑田佳祐　編曲：サザンオールスターズ＆藤井丈司）】★★★★

大塚製薬「オロナミンC」のCMソング。当時大学浪人だった私は、フジテレビ『笑っていいとも！』の中でかかる、サザンのメンバーが空を飛ぶCMを、毎日のように眺めていた記憶がある。英語比率が多い歌詞とハードロックな音は、アルバム『NUDE MAN』を想起させるも、演奏の迫力が段違い。

【♯9：Long-haired Lady（作詞・作曲：桑田佳祐　編曲：サザンオールスターズ　弦・管編曲：八木正生）】★★★

《Please！》と並んで、このアルバムで指折りの地味な曲。八木正生とのコラボということで、さしずめ《星空のビリー・ホリデイ》のB面という感じの曲。パーカッションでリズムをキープしながら、ストリングスとホーンで、ゆっくりとふわっと盛り上げていく編曲は、聴き応えたっぷり。

【#10：悲しみはメリーゴーランド（作詞・作曲：桑田佳祐　編曲：サザンオールスターズ&大谷幸）】★★★

2枚組の大作のラストを飾るにしては、あまりに枯れた曲。歌詞はおそらく、日本の歴史における、中国や韓国との関係のことを歌っていると思われる。その後、14年のNHK『紅白歌合戦』のときの振る舞いで、桑田は「ネトウヨ」から叩かれることになるが、桑田の「社会派」の楽曲は、この時期から、一定の比率を占めているのだ。

――註釈

＊1【浜田省吾】：《悲しみは雪のように》などのヒットで知られる、広島県出身のシンガーソングライター。当時の音楽雑誌のあり方を批判する桑田佳祐の発言の中に浜田が出てくる。「雑誌でもさ、いろいろ出てる音楽誌とかめくってみると、出てくるのは浜田省吾がこう、斜にかまえてる写真なのよ。つまんねーなって思うんだ。俺、浜田省吾は嫌いじゃないけどさ、そのとらえ方がね、雑誌のとりあげ方が、ファンの期待とさ、右にならえなら全部右にならえしてるみたいでさ、イヤなのね」（『ロックの子』）。個人的にはデビュー曲の《路地裏の少年》と、《I am a

Father》(05年) が好き。

＊２【大沢誉志幸】：現「大澤誉志幸」。80年代初頭から作曲家として売り出し、84年にリリースした《そして僕は途方に暮れる》がヒットする。ちなみに、この曲のアレンジは、ポリス《見つめていたい》に影響を受けながらも、編曲家・大村雅朗による独自のセンスが横溢した、傑作アレンジ。

＊３【秋元康】：サザンが頻繁に出ていた、70年代後半のＴＢＳ『ザ・ベストテン』の放送作家。転じて、稲垣潤一《ドラマティック・レイン》(82年) で、作詞家として頭角を現す。アルバム『KAMAKURA』が出た85年は、まさに秋元康ブレイクの年で、とんねるずやおニャン子クラブなどの試みが次々とヒット、飛ぶ鳥を落として、焼いて食うような勢いだった。ＡＫＢ48などのプロデュースや作詞などで、現在も現役バリバリ。

＊４【とんねるず】：こちらも現役バリバリだが、85年のとんねるずは、秋元康という有能なブレーンの貢献もあり、《青年の主張》《雨の西麻布》《歌謡曲》が次々とヒット。まさに時代の寵児となる。個人的にもこの頃の破天荒な２人に強い思い入れがあり、同年発売のデビューアルバム『NARIMASU』は、タモリのデビューアルバム『タモリ』と並ぶ、コミックアルバムの傑作だと思う。

＊５【おニャン子クラブ】：逆にこちらは現役バリバリではなく、87年にさっさと解散してしまった時代の徒花。こちらも個人的な話をすれば、おニャン子系で好きだった曲は、新田恵利《冬のオペラグラス》、福永恵規《風の Invitation》、うしろゆびさされ組《うしろゆびさされ組》。

終　章　2011年以降――サザンオールスターズ、帰ってくる。

時代は一気に2011年に飛ぶ。

《みんなのうた》（88年）というタイトルが象徴するように、活動再開以降のサザンは、唯一無二の「国民的バンド」として君臨。巨大な会場、超満員の観客を目の前に、桑田佳祐が「スタンド！」「アリーナ！」と絶叫するバンドとなっていった。

あの、あっちに行ったり・こっちに行ったり、悩んで・開き直って、それでも一歩一歩、前に進んでいった、あの青臭い初期サザンを愛する者として、「国民的サザン」にはちょっとした違和感もあり、また、そんな気持ちの間隙をぬって、奥田民生や小沢健二、RIP SLYMEなど、当時の私にとって、より切実な音楽家が登場したこともあり、正直、サザンから気持ちが遠ざかっていたことを告白する。

なので、時代は一気に飛ぶ。着地する先は、東日本大震災の直前＝11年の2月に発表された桑田佳祐のソロアルバム『MUSICMAN』。これが良かった。

特に、レコーディング中に見つかった食道がん手術後の人生観を先取りしたような《それ行けベイビー!!》と、ビートルズへの想いをセンチメンタルに歌いきる《月光の聖者達（ミスター・ムーンライト）》が、名曲ツートップ。

このアルバムでは、いよいよ50代も後半に突入し、大病も患った桑田が、「国民的」音楽家としてではなく、いくぶんショボくれながらも、それでも最終的には前向きな「一個人」としての桑田を、惜しげもなくさらけ出していた。

「帰ってきた」——そう思った。桑田の方から、帰ってきてくれた、近付いてきてくれたという僭越な感慨。そしてその後、15年発売のサザンオールスターズ名義のアルバム『葡萄』にも、「一個人」桑田が濃厚に反映する。特に、還暦直前の死生観のようなものが歌詞に込められた曲、その名も——《はっぴいえんど》！

あと、個人的に忘れられないのは、サザンオールスターズとして出場した、14年のNHK『紅白歌合戦』と年越しライブにおける「炎上事件」である。《ピースとハイライト》という曲の歌詞が政権を批判しているように聞こえた、日の丸に×をした画像が使われた、ヒトラー風のちょび髭を付けていた、そして紫綬褒章をぞんざいに扱った、などの理由で「大炎上」したのだ。

私は、「世間は、今さら何を騒いでいるんだ」と思ったのである。「桑田は、サザンは、初期からずっと、こんなお騒がせな感じだったじゃないか」と。82年『紅白歌合戦』の、どギツいメイクでの《チャコの海岸物語》や、《NUDE MAN》や《かしの樹の下で》などの「社会派」の歌に、リアルタイムで接した身として。

要するに、初期サザンは、未だにきっちりと総括されていないのである。遠ざかっていた桑田、サザンが、向こう側から、帰ってきてくれた今だからこそ、初期サザンの巨大な功績を、正確に描き出しておかなければならない。それが、私にこの本を書かせた、最も重要な動機である。

最後に、私の個人的な「初期サザン・ベストテン」を記しておく。この本の中でも、★の数で曲やアルバムを評価してきたが、それは、世間にその評価を押し付けたいという意図によるものではない。むしろ逆で、初期サザンについての、いろんな評価・意見・想いを、みんなでもっと出しあうこと。たたかわせること。それこそが、唯一、初期サザンの正しい総括につながる方法だと信じるからである。

1位：《勝手にシンドバッド》（殿堂入り）
2位：《メロディ（Melody）》
3位：《思い過ごしも恋のうち》
4位：《海》
5位：《C調言葉に御用心》
6位：《Bye Bye My Love（U are the one）》
7位：《いなせなロコモーション》
8位：《夕方 Hold On Me》
9位：《いとしのエリー》
10位：《ミス・ブランニュー・デイ（MISS BRAND-NEW DAY）》
次点：《サラ・ジェーン》

そうして、初期サザンが正しく総括されたとき、日本のロック界は「はっぴいえんど中心史観」や「『大卒ロック』偏重主義」のような、古ぼけた色眼鏡をはずすことができる。その色眼鏡をはずして、目の前にくっきりと見えてくるものは、もちろん――「胸さわぎの腰つき」である。

おわりに

（1）NHKの、それも朝ドラの主題歌として、【D】→【F#m】という、いかにもサザンなコード進行に乗った桑田佳祐の声が、毎朝聴こえてくる。そんな、初期サザンの時代には、想像すらできなかったようなことが、現実となっている2017年の6月に、この本を書き終えた。ちなみに、NHKの上田良一会長は、その主題歌について「歌詞は確かに聞き取りにくくて、なかなか難しくて…。どういう歌詞なのか調べてもらったが、調べてもらってもなかなか意味不明なところがある」と発言したという（デイリースポーツonline　17年5月11日）。繰り返すが、初期サザンは、未だにきっちりと総括されていない。

（2）会社員の傍ら、『週刊スージー』というサイトを書き続けてきた。99年からなので、足掛け19年にもなる。99年には、まだブログという形式はなかったので（あったかもしれないが、誰も知らなかった）、記事とHTMLを同時に書くという、やたらと原始的な形式で、現在でも続けている。それを、水道橋博士さんやダイノジ大谷ノブ彦さんが読んでくれていて、諸々あって、この本に至る。若い方に言いたいことは、やりたいことは続けるべきだということだ。誰かが見ている。誰かが手を差し伸べてくれる。

（3）その水道橋博士さんから「水道橋博士のメルマ旬報」の執筆陣に加えていただき、連載を読んでくれた新潮社の編集者、金寿煥さんからメールをいただいた。そして今から約1年前、16年の5月、よく晴れた金曜日の午前中に新潮社を訪問。ずいぶんとオーセンティックな応接室で、「1985年のサザンオールスターズ」という、（私が敬愛し目標とするライターの）柳澤健風仮題を入れ込んだ、表紙デザイン&企画案を見て心が奮えた。言いたいことは（2）と同じ。やりたいことは続けること。

（4）現在50歳の身として、1966年（昭和41年）に生まれて本当に良かったと、この本を書いていて、つくづく思った。桑田佳祐とちょうど10歳違い。22歳から30歳の青年・桑田佳祐が駆け抜けた初期サザンの時代に、私は12歳から20歳。多感な10代の時期に、初期サザンの斬新で優秀な作品群を、一身に浴びることが出来たのは、実にラッキーだったと思う。

（5）よろしければ、前作『1984年の歌謡曲』（イースト新書）や前々作『197

9年の歌謡曲』（彩流社）もぜひご一読下さい。次は、桑田佳祐と並んで敬愛する沢田研二についてか、80年代後半の音楽シーンを席巻したレーベル＝EPIC・ソニーについてか、音楽理論でヒット曲を分析する本とか、また違った切り口の何かを書いてみたいと思う——夢は拡がる。

ありったけの感謝を届けたい方を、その方が最も愛する初期サザンの曲名とともに。大きなチャンスを与えてくれた水道橋博士さん《いなせなロコモーション》。「水道橋博士のメルマ旬報」の名参謀＝原カントくん《ミス・ブランニュー・デイ》。この本の基となったサザン論をラジオで話す機会を与えてくれたダイノジ大谷ノブ彦さん《夕方 Hold On Me》。尊敬する「年代系ノンフィクション」の始祖、柳澤健さん《勝手にシンドバッド》。サザンに関する貴重な情報を提供してくれた寺山里恵子さん《よどみ萎え、枯れて舞え》とすずきあやさん《勝手にシンドバッド》。山下達郎などに関する情報は横浜夏絵さん《思い過ごしも恋のうち》から。そして5月某日に行われた、東京・用賀にあるサザンが流れるレストラン「サザンダイニング」からの「初期サザン限定カラオケ大会」メンバー＝放送作家の細田マサシさん《ミス・ブランニュー・デイ》）、新潮社のライバル社の目崎敬三さん（《思い過ごしも恋のうち》）、この本の首謀者・新潮社の金さん（《新潮》ならぬ《C調言葉に御用心》）。
　そして、もちろん「勝手な聖者達（ミスター・シンドバッド）」＝サザンオールスターズ、とりわけ桑田佳祐という才能に――本当に、今までありがとう。

2017年6月25日
スージー鈴木

【参考文献】

桑田佳祐『ロックの子』（講談社文庫）
桑田佳祐『ブルー・ノート・スケール』（ロッキング・オン）
桑田佳祐『ただの歌詩じゃねえか、こんなもん』（新潮文庫）
桑田佳祐『ただの歌詩じゃねえか、こんなもん'84―'90』（新潮文庫）
原由子『娘心にブルースを』（ソニー・マガジンズ）
関口和之『突然ですがキリギリス　サザンオールスターズ音楽青春物語』（集英社文庫）
アミューズ監修『地球音楽ライブラリー　サザンオールスターズ　増補改訂版』（TOKYO　FM出版）
『オリコンチャート・ブック　1968―1997』（オリコン）
矢沢永吉『成りあがり』（角川文庫）
山田修爾『ザ・ベストテン』（新潮文庫）
近田春夫『定本　気分は歌謡曲』（文藝春秋）
中山康樹『クワタを聴け！』（集英社新書）
スージー鈴木『1979年の歌謡曲』（彩流社）
スージー鈴木『1984年の歌謡曲』（イースト新書）

田中康夫『なんとなく、クリスタル』（河出文庫）
タモリ『今夜は最高！』（日本テレビ放送網）
渋谷陽一『音楽が終った後に』（ロッキング・オン）
渋谷陽一『ロックは語れない』（新潮文庫）
平山雄一『たいした夏　サザンオールスターズ』（CBS・ソニー出版）
君塚太『TOKYO ROCK BEGINNINGS』（河出書房新社）
別冊宝島編集部『音楽誌が書かないJポップ批評　サザンオールスターズ』（宝島SUGOI文庫）
『SWITCH』2013年8月号（スイッチ・パブリッシング）
『月刊明星』1979年4月号、9月号、12月号（集英社）
『レコード・コレクターズ』2010年8月号（ミュージック・マガジン）
『レコード・コレクターズ』2014年4月号（ミュージック・マガジン）
『ソングライター・マガジンNO.2』（リットーミュージック）
『BRUTUS』2011年3月号（マガジンハウス）
『タツローマニア』100号（山下達郎オフィシャル・ファンクラブ）
『ラヂカル文庫』1988年7月号（FM東京）

スージー鈴木　1966（昭和41）年
大阪府東大阪市生まれ。音楽評論
家。早稲田大学政治経済学部卒業。
昭和歌謡から最新ヒット曲までを
幅広くカバー。著書に『1979年の
歌謡曲』『1984年の歌謡曲』など。

Ⓢ新潮新書

724

サザンオールスターズ　1978-1985

著　者　スージー鈴木《すずき》

2017年7月20日　発行
2023年9月20日　5刷

発行者　佐　藤　隆　信

発行所　株式会社新潮社
〒162-8711　東京都新宿区矢来町71番地
編集部(03)3266-5430　読者係(03)3266-5111
http://www.shinchosha.co.jp

印刷所　株式会社光邦
製本所　株式会社大進堂

ISBN978-4-10-610724-5　C0273